Prosa der Gegenwart

A Collection of Contemporary German Prose

Gudrun Isaak and Susan Ray

L

LANGENSCHEIDT

NEW YORK · BERLIN · MUNICH · VIENNA · ZURICH

Cover design: Hans Poppel

© 1985 by Langenscheidt KG, Berlin and Munich
Printed in Germany · ISBN 3-468-49789-X

4 5 6 7 * 95 94 93

Foreword

This collection of contemporary German prose from four German-speaking countries (West and East Germany, Austria and Switzerland) consists of stories not used before in American texts. It is primarily intended as an intermediate reader, that is, for students who have completed one year of German language studies and have been introduced to the basics of German grammar. While targeted to improve reading comprehension and to build vocabulary in a way that encourages rather than discourages the student, it is, at the same time, meant to introduce the student to a variety of literary styles. The mood and subject matter range from universal concerns to the humorous and specific issues that can be correlated with contemporary political and social reality. The reader, therefore, also lends itself well as a text in beginning literature courses, such as "Introduction to German Literature" or in a survey course on contemporary German writing.

The stories have not been edited or abridged and are ordered in terms of progressive difficulty. In choosing the reading material, the editors had the following principles in mind: the stories must be readable and interesting to the student from a thematic point of view; they must be effective as teaching and learning material, helping to stimulate classroom discussion.

Each story follows the same format:
I. Biographical note concerning the author
II. Text with ample marginal glossing and explanatory notes
III. A wide variety of post-reading activities consisting of
   Fragen zum Inhalt, Übungen and *Themen zur Diskussion und schriftlichen Beantwortung.*

The *Fragen zum Inhalt* strictly follow the story line and require brief factual answers concerning the plot.

The *Übungen* are primarily aimed at vocabulary building and expansion, and drill the new words and idioms presented in the story in a variety of assignments (i.e. multiple-choice exercises, crossword puzzles, matching words, finding synonyms and antonyms, etc.). The true/false exercises were designed to be read aloud by the instructor, eliciting oral responses from the students (individually or in chorus) with books closed.

The *Themen zur Diskussion* are concerned with thematic and interpretive discussion rather than plot analysis, sometimes asking the student to relate the issues in the story to personal experience. Although most of these themes are best suited for discussion in class, they can also be answered in writing. It is, however, suggested that those topics marked with an asterisk(*) be assigned as a composition.

The end vocabulary *(Wörterverzeichnis)* contains all the words and idiomatic expressions from the marginal glossing unless they appear only once in the reader. It also includes the words from the questions, exercises and topics.

The stories have been tested in the classroom, and the editors wish to express their thanks to Dr. Ursula Beitter, David Coons, Dr. Doris Guilloton, Annelies Luppa and Dr. Dorothea Yale for their valuable classroom time and suggestions. They are also grateful to Hans-Reinhard Fischer of Langenscheidt Verlag for his editorial assistance.

G.I.
S.R.

Explanation of symbols and abbreviations

Words marked with a raised circle (°) in the text are explained in the marginal glossary.

Verbs marked with an asterisk (*) form their perfect and pluperfect with forms of "sein", e. g.: erschrecken* – er ist/ war erschrocken.

A vertical bar (|) indicates separable prefixes of verbs, e. g.: auf | fallen – fiel auf.

Akk., acc.	= accusative
coll.	= colloquial
Dat., dat.	= dative
Gen., gen.	= genitive
lit.	= literally
s.o.	= someone

Table of Contents

Peter Bichsel

Peter Bichsel was born in Lucerne, Switzerland, in 1935. After completing his university studies, he began a career as an elementary school teacher. He has travelled extensively; during his 1972 journey to the United States he worked as "Writer in Residence" at Oberlin College, Ohio, and in 1977 he undertook a lecture tour to Australia and New Zealand. Bichsel now lives as a free-lance writer in his native country.

Bichsel's first collection of short stories (*Eigentlich möchte Frau Blum den Milchmann kennenlernen*) appeared in 1964, and a novel *(Die Jahreszeiten)* was published three years later. He has also written essays (*Des Schweizers Schweiz*, 1969), a volume of prose (*Stockwerke*, 1974), and short stories (*Geschichten zur falschen Zeit*, 1979). In addition, he wrote the script for a film entitled *Unser Lehrer* (1971) and is the recipient of various literary distinctions.

The following story is taken from Bichsel's collection of *Kindergeschichten* (1969), so called because it is written in a simple style and can be understood by younger readers. Here he directs his pointed and humorous criticism at the conventional use of language. Bichsel views everyday communication on an interpersonal level as an unsatisfactory activity, something that is performed by rote and is thus devoid of relevance or expressive content. On a broader level, however, this lack of "authentic" communication can be seen as one of the pressing problems of modern society which exploits this empty ritual in order to suppress, and ultimately destroy, all signs of human individuality.

Ein Tisch ist ein Tisch

Ich will von einem alten Mann erzählen, von einem Mann, der kein Wort mehr sagt, ein müdes Gesicht hat, zu müd zum °Lächeln und zu müd, um böse zu sein. Er wohnt in einer kleinen Stadt, am Ende der Straße oder °nahe der °Kreuzung. °Es lohnt sich fast nicht, ihn zu
5 beschreiben, kaum etwas °unterscheidet ihn von andern. Er trägt einen grauen Hut, graue Hosen, einen grauen °Rock und im Winter den langen grauen Mantel, und er hat einen °dünnen °Hals, dessen °Haut °trokken und °runzelig ist, die weißen °Hemdkragen sind ihm viel zu weit.

Im °obersten Stock des Hauses hat er sein Zimmer, vielleicht war er
10 °verheiratet und hatte Kinder, vielleicht wohnte er früher in einer andern Stadt. °Bestimmt war er einmal ein Kind, aber das war zu einer

das Lächeln *smile*
nahe *(+ dat.) near*
die Kreuzung, -en *intersection*
es lohnt sich (nicht) *it does (not) pay, it is not worthwhile*
unterscheiden, ie, ie *to distinguish*
der Rock, ⸚e *skirt, here: man's coat (archaic)*
dünn *thin*
der Hals, ⸚e *neck*
die Haut (⸚e) *skin*
trocken *dry*
runzelig *(very) wrinkled*
der Hemdkragen, – *shirt collar*

Zeit, wo die Kinder wie °Erwachsene angezogen waren. Man sieht sie so im Fotoalbum der Großmutter. In seinem Zimmer sind zwei Stühle, ein Tisch, ein °Teppich, ein Bett und ein °Schrank. Auf einem kleinen Tisch
15 steht ein °Wecker, daneben liegen alte Zeitungen und das Fotoalbum, an der Wand hängen ein °Spiegel und ein Bild.

Der alte Mann machte morgens einen Spaziergang und nachmittags einen Spaziergang, sprach °ein paar Worte mit seinem Nachbarn, und abends saß er an seinem Tisch.

20 Das °änderte sich nie, auch sonntags war das so. Und wenn der Mann am Tisch saß, hörte er den Wecker ticken, immer den Wecker ticken.

Dann gab es einmal einen besonderen Tag, einen Tag mit Sonne, nicht zu heiß, nicht zu kalt, mit °Vogelgezwitscher, mit freundlichen Leuten, mit Kindern, die spielten – und °das Besondere war, daß das alles dem
25 Mann plötzlich gefiel. Er lächelte.

„Jetzt wird sich alles ändern", dachte er. Er öffnete den obersten °Hemdknopf, nahm den Hut in die Hand, °beschleunigte seinen °Gang, °wippte °sogar °beim Gehen in den Knien und freute sich. Er kam in seine Straße, °nickte den Kindern zu, ging vor sein Haus, stieg die
30 Treppe hoch, nahm die Schlüssel aus der Tasche und °schloß sein Zimmer auf.

Aber im Zimmer war alles °gleich, ein Tisch, zwei Stühle, ein Bett. Und °wie er sich hinsetzte, hörte er wieder das Ticken, und alle Freude war °vorbei, denn nichts hatte sich geändert.

35 Und den Mann überkam eine große °Wut.

Er sah im Spiegel sein Gesicht °rot anlaufen, sah, wie er die Augen °zukniff; dann °verkrampfte er seine Hände zu °Fäusten, °hob sie und °schlug mit ihnen auf die °Tischplatte, erst nur einen Schlag, dann noch einen, und dann begann er auf den Tisch zu °trommeln und °schrie dazu
40 immer wieder:

„Es muß sich ändern, es muß sich ändern!"

Und er hörte den Wecker nicht mehr. Dann begannen seine Hände zu schmerzen, seine °Stimme °versagte, dann hörte er den Wecker wieder, und nichts änderte sich.

45 „Immer derselbe Tisch", sagte der Mann, „dieselben Stühle, das Bett, das Bild. Und °dem Tisch sage ich Tisch, dem Bild sage ich Bild, das Bett heißt Bett, und den Stuhl nennt man Stuhl. °Warum denn eigentlich?" Die Franzosen sagen dem Bett „°li", dem Tisch „°tabl", nennen das Bild „°tablo" und den Stuhl „°schäs", und sie verstehen sich. Und die
50 Chinesen verstehen sich auch.

„°Weshalb heißt das Bett nicht Bild", dachte der Mann und lächelte, dann lachte er, lachte, bis die Nachbarn °an die Wand klopften und „°Ruhe" riefen.

„Jetzt ändert es sich", rief er, und er sagte °von nun an dem Bett „Bild".

8

---

der oberste Stock *top floor*
verheiratet *married*
bestimmt *surely*

---

der Erwachsene, -n *adult* (ein Erwachsener, *etc.: adjective used as noun*)
der Teppich, -e *carpet*
der Schrank, ⸚e: *wardrobe*
der Wecker, – *alarm clock*
der Spiegel, – *mirror*
ein paar *a few*
sich ändern *to change (itself or oneself)*

das Vogelgezwitscher *chirping of birds*
das Besondere *the special thing*

der Knopf, ⸚e *button*
beschleunigen *to speed up*
der Gang *gait, walk*
wippen *to bounce* (Er . . . wippte beim Gehen *he had a swing to his step*)
sogar *even*
zu|nicken (+ dat.) *to nod to*
auf|schließen, o, o *to open, to unlock*

gleich *immediately, right away; here: the same*
wie *here: as, when*
vorbei *gone*

die Wut *fury*

rot an|laufen*, (äu), ie, au *to turn red* (here: turning red)
zu|kneifen, i, i *to close tightly*
verkrampfen *to clench*
die Faust, ⸚e *fist*
heben, o, o *to raise, to lift*
schlagen, (ä), u, a *to strike*
die Tischplatte, -n *table top*
trommeln *to drum*
schreien, ie, ie *to cry out*

die Stimme, -n *voice*
versagen *to fail*

dem *here:* = zu dem
Warum denn eigentlich? (coll.) *But why?*
li = *French* „lit" (das Bett), *pseudo-phonetic spelling*
tabl = „table" (der Tisch)
tablo = *tableau* (das Bild)
schäs = *„chaise"* (der Stuhl)

weshalb *why*
klopfen an (+ acc.) *to knock*
Ruhe! *Be quiet!*
von nun an *from now/then on*

---

* Perfect and pluperfect with forms of „sein", e.g.: „er *ist* rot angelaufen".

₅₅ „Ich bin müde, ich will ins Bild", sagte er, und morgens blieb er oft lange im Bild liegen und °überlegte, wie er nun dem Stuhl sagen wolle, und er nannte den Stuhl „Wecker".

Er stand also auf, zog sich an, setzte sich auf den Wecker und °stützte die Arme auf den Tisch. Aber der Tisch hieß jetzt nicht mehr Tisch, er hieß ₆₀ jetzt Teppich. Am Morgen verließ °also der Mann das Bild, zog sich an, setzte sich an den Teppich auf den Wecker und überlegte, wem er wie sagen könnte.

Dem Bett sagte er Bild.
Dem Tisch sagte er Teppich.
₆₅ Dem Stuhl sagte er Wecker.
Der Zeitung sagte er Bett.
Dem Spiegel sagte er Stuhl.
Dem Wecker sagte er Fotoalbum.
Dem Schrank sagte er Zeitung.
₇₀ Dem Teppich sagte er Schrank.
Dem Bild sagte er Tisch.

Und dem Fotoalbum sagte er Spiegel. Also:

Am Morgen blieb der alte Mann lange im Bild liegen, um neun °läutete das Fotoalbum, der Mann stand auf und stellte sich auf den Schrank, ₇₅ °damit er nicht °an die Füße °fror, dann nahm er seine Kleider aus der Zeitung, zog sich an, °schaute in den Stuhl an der Wand, setzte sich dann auf den Wecker an den Teppich und °blätterte den Spiegel durch, bis er den Tisch seiner Mutter fand.

Der Mann fand das °lustig, und er übte den ganzen Tag und °prägte sich ₈₀ die neuen Wörter ein. Jetzt wurde alles °umbenannt: Er war jetzt kein Mann mehr, sondern ein Fuß, und der Fuß war ein Morgen und der Morgen ein Mann.

Jetzt könnt ihr die Geschichte selbst weiterschreiben. Und dann könnt ihr, so wie es der Mann machte, auch die anderen Wörter °austauschen:

₈₅ läuten heißt stellen,
frieren heißt schauen,
liegen heißt läuten,
stehen heißt frieren,
stellen heißt blättern.
₉₀ So daß es dann heißt:

Am Morgen blieb der alte Fuß lange im Bild läuten, um neun stellte das Fotoalbum, der Fuß fror auf und blätterte sich auf den Schrank, damit er nicht an die Morgen schaute.

Der alte Mann kaufte sich blaue Schulhefte und schrieb sie mit den ₉₅ neuen Wörtern voll, und er hatte viel zu tun damit, und man sah ihn nur noch selten auf der Straße.

Dann lernte er für alle Dinge die neuen °Bezeichnungen und vergaß dabei mehr und mehr die richtigen. Er hatte jetzt eine neue Sprache, die ihm ganz allein gehörte.

überlegen *to reflect upon*

stützen auf *(+ acc.) to lean upon*
also *thus, consequently*

läuten *to ring*
damit *so that*
an die Füße *here:* = an den Füßen
frieren, o,o *(+ acc.) to be cold*
schauen *to look*
durch|blättern *to leaf through*

lustig *amusing*
sich *(dat.)* ein|prägen *to memorize*
um|benennen, a, a *to rename*

aus|tauschen *to exchange*

die Bezeichnung, -en *designation, name*

100 °Hie und da °träumte er schon in der neuen Sprache, und dann über-
setzte er die Lieder aus seiner Schulzeit in seine Sprache, und er °sang
sie leise vor sich hin.

Aber bald °fiel ihm auch das Übersetzen schwer, er hatte seine alte
Sprache fast vergessen, und er mußte die richtigen Wörter in seinen
105 blauen Heften suchen. Und es machte ihm Angst, mit den Leuten zu
sprechen. Er mußte lange °nachdenken, wie die Leute zu den Dingen
sagen.

Seinem Bild sagen die Leute Bett.
Seinem Teppich sagen die Leute Tisch.
110 Seinem Wecker sagen die Leute Stuhl.
Seinem Bett sagen die Leute Zeitung.
Seinem Stuhl sagen die Leute Spiegel.
Seinem Fotoalbum sagen die Leute Wecker.
Seiner Zeitung sagen die Leute Schrank.
115 Seinem Schrank sagen die Leute Teppich.
Seinem Tisch sagen die Leute Bild.
Seinem Spiegel sagen die Leute Fotoalbum.

Und es kam so weit, daß der Mann lachen mußte, wenn er die Leute
°reden hörte.

120 Er mußte lachen, wenn er hörte, wie jemand sagte:

„Gehen Sie morgen auch zum Fußballspiel?" Oder wenn jemand sagte:
„Jetzt regnet es schon zwei Monate lang." Oder wenn jemand sagte:
„Ich habe einen Onkel in Amerika."

Er mußte lachen, weil er all das nicht verstand.

125 Aber eine lustige Geschichte ist das nicht. Sie hat °traurig angefangen
und °hört traurig auf.

Der alte Mann im grauen Mantel konnte die Leute nicht mehr verstehen, das war nicht so °schlimm.

Viel schlimmer war, sie konnten ihn nicht mehr verstehen.

130 Und °deshalb sagte er nichts mehr.

Er °schwieg,
sprach nur noch mit sich selbst,
grüßte nicht einmal mehr.

hie(r) und da *now and then*
träumen *to dream*
leise vor sich hin|singen, a, u *to sing
softly to oneself*
schwer|fallen*, (ä), ie, a *(+ dat.) to be
difficult*
nach|denken, a, a *(über + acc.) to reflect
upon*

reden *to talk*

traurig *sad*
auf|hören *to end*

schlimm *bad*

deshalb *therefore*

schweigen, ie, ie *to be silent*

Fragen zum Inhalt

1. Beschreiben Sie den alten Mann!
2. Wo wohnt er?
3. Was hat der Mann in seinem Zimmer?
4. Wie verbringt er gewöhnlich seine Tage?
5. Was geschieht eines Tages, und was hofft der Mann jetzt?
6. Wie kann man sehen, daß der Mann sich freut?
7. Warum ist seine Freude vorbei, als er wieder in sein Zimmer kommt?
8. Welche Idee hat er plötzlich?
9. Weshalb kauft er sich Schulhefte?
10. Warum sieht man ihn nur noch selten auf der Straße?
11. Warum fällt es dem Mann nun schwer, mit anderen Leuten zu sprechen?
12. Wie lebt der Mann von nun an?

Übungen

I. Wie heißt das Antonym? *(Gebrauchen Sie ein Wörterbuch, wenn nötig!)*

Beispiel: groß – klein

1. heiß
2. richtig
3. leise
4. schwer
5. dünn
6. lustig
7. morgens
8. ein *alter* Mann
9. (sich) anziehen
10. sich setzen
11. der Winter
12. ein Erwachsener

II. Wie heißt das zusammengesetzte Substantiv? Geben Sie auch die englische Bedeutung an!

Beispiel: der Fußgänger + der Weg = der Fußgängerweg *(crosswalk)*

1. das Hemd + der Kragen
2. das Foto + das Album
3. der Vogel + das Gezwitscher
4. die Schule + die Zeit
5. der Tisch + die Platte
6. das Heft + die Schule
7. das Spiel + der Fußball

III. Ersetzen Sie die kursivgedruckten* Wörter durch Synonyme!

Beispiel: Bestimmt war er einmal ein Kind.
Sicher war er einmal ein Kind.

1. Der Mann sagt *kein Wort* mehr.
2. Er *wohnt* in einer kleinen Stadt.
3. Er spricht *einige* Worte mit seinen Nachbarn.
4. Er *schaut* in den Spiegel.
5. Der alte Mann *beginnt,* auf den Tisch zu trommeln.
6. *Nun* wird sich alles ändern.
7. *Weshalb* heißt das Bett nicht Bild, denkt der Mann.
8. Er gibt allen Dingen neue *Namen.*
9. Der Mann muß lachen, wenn er die Leute *reden* hört.
10. *Am Morgen* bleibt der alte Mann lange im Bett liegen.

---

* *italicized*

IV. Setzen Sie die passende Präposition ein!

Beispiel: Der Mann setzte sich _____ den Stuhl.
Der Mann setzte sich *auf* den Stuhl.

1. Der Autor erzählt _____ einem alten Mann, der _____ einer kleinen Stadt _____ dem Ende einer Straße wohnt.

2. Nichts unterscheidet ihn _____ anderen Menschen.

3. _____ einem Tisch seines Zimmers steht ein Wecker und _____ der Wand hängt ein Spiegel.

4. Der alte Mann sprach manchmal _____ seinen Nachbarn, und abends saß er _____ seinem Tisch.

5. Der Mann nimmt seinen Hut _____ die Hand und seinen Schlüssel _____ der Tasche.

6. _____ neun läutet der Wecker.

7. Der Mann schlug _____ seinen Fäusten _____ die Tischplatte.

8. Man sah ihn nur noch selten _____ der Straße.

9. Er lernte neue Bezeichnungen _____ alle Dinge und träumte schon _____ der neuen Sprache.

10. Er übersetzte die Lieder _____ seiner Schulzeit _____ die neue Sprache.

11. Bald mußte er lange _____ die alten Bezeichnungen nachdenken und die richtigen Wörter _____ den blauen Heften suchen.

12. Jemand fragte, ob er morgen auch _____ dem Fußballspiel ginge.

V. Bilden Sie ganze Sätze mit folgenden Wörtern und Ausdrücken!

Beispiel: zunicken – Der alte Mann nickte den Kindern freundlich zu.

1. nahe
2. es lohnt sich (nicht)
3. gefallen
4. (sich) ändern
5. Angst machen

6. klopfen
7. von nun an
8. sich freuen
9. schwerfallen
10. aufhören

Themen zur Diskussion und schriftlichen Beantwortung

1. Warum ist diese Erzählung keine lustige Geschichte?
2. Was für ein Mensch ist der Mann in der Geschichte? Können Sie sein Problem verstehen? (Begründen Sie Ihre Ansicht!)
*3. Der Mann in der Geschichte versucht, seinem Leben neue Bedeutung durch eine neue Sprache zu geben. Warum hat er gerade das Medium der Sprache gewählt?
4. Können Sie den Titel dieser Geschichte näher erklären?
*5. Diese Erzählung ist ganz einfach geschrieben; trotzdem hat sie eine tiefere Bedeutung. Worin liegt die Symbolik dieser Geschichte?

---

* Best suited for written assignments.

Christa Reinig

Christa Reinig was born in Berlin in 1926 and worked during her younger years on an assembly line and as a flower arranger. She studied art history and archeology and was later a museum assistant in East Berlin. Her first publication was a collection of short stories entitled *Ein Fischerdorf* that appeared in East Germany in 1951. In her role as author, Reinig experienced difficulties in accepting the precepts of the official East German cultural policy. In 1964 she was awarded the *Bremer Literaturpreis* and took advantage of this opportunity to remain in the Federal Republic. She is presently living and working as a free-lance writer in Munich.

Reinig has written poetry, novels, radio plays, children's stories and other prose (e.g. *Der Traum meiner Verkommenheit*, 1961; *Drei Schiffe*, 1965; *Orion trat aus dem Haus*, 1969; *Entmannung*, 1976; *Der Wolf und die Witwen*, 1980) and is the recipient of numerous literary awards.

The brief story entitled *Skorpion* first appeared in *Tintenfisch 2, Jahrbuch für Literatur*, in 1969 and deals with the dilemma of a man whose good intentions inevitably bring about undesired results. His inability to communicate his true nature, in addition to the negative effect his appearance has on others, unwillingly results in calamitous interpersonal relationships.

Skorpion

Er war °sanftmütig und freundlich. Seine Augen standen °dicht beieinander. Das bedeutete °Hinterlist. Seine °Brauen °stießen über der Nase zusammen. Das bedeutete °Jähzorn. Seine Nase war lang und °spitz. Das bedeutete °unstillbare °Neugier. Seine °Ohrläppchen waren °ange-
5 wachsen. Das bedeutete °Hang zum °Verbrechertum. Warum gehst du nicht unter die Leute? fragte man ihn. Er °besah sich im Spiegel und bemerkte einen °grausamen °Zug um seinen Mund. Ich bin kein guter Mensch, sagte er. Er °verbohrte sich in seine Bücher. Als er sie alle ausgelesen hatte, mußte er unter die Leute, sich ein neues Buch kaufen
10 °gehn. Hoffentlich gibt es kein °Unheil, dachte er und ging unter die Leute. Eine Frau sprach ihn an und bat ihn, ihr einen Geldschein zu wechseln. Da sie sehr °kurzsichtig war, mußte sie mehrmals hin- und zurück°tauschen. Der Skorpion dachte an seine Augen, die dicht beieinander standen, und °verzichtete darauf, sein Geld hinterlistig zu verdop-

sanftmütig *gentle, good-tempered*
dicht beieinander *close together*
die Hinterlist *cunning*
die Braue, -n (= Augenbraue, -n) *eyebrow*
zusammen|stoßen*, (ö), ie, o *to bang against one another; here: to come together*
der Jähzorn *violent temper*
spitz *pointed*
unstillbar *insatiable*
die Neugier *curiosity*
das Ohrläppchen, - *earlobe*
angewachsen *grown onto (head)*
der Hang (zu) *inclination (to)*
das Verbrechertum *criminality*
sich besehen, (ie), a, e *to look at oneself*

15 peln. In der Straßenbahn trat ihm ein Fremder auf die Füße und
°beschimpfte ihn in einer fremden Sprache. Der Skorpion dachte an
seine zusammengewachsenen Augenbrauen und °ließ das °Geschimpfe,
das er ja nicht verstand, als Bitte um Entschuldigung °gelten. Er stieg
aus, und vor ihm lag eine °Brieftasche auf der Straße. Der Skorpion
20 dachte an seine Nase und °bückte sich nicht und °drehte sich auch nicht
um. In der Buchhandlung fand er ein Buch, das hätte er gern gehabt.
Aber es war zu teuer. Es hätte gut in seine Manteltasche gepaßt. Der
Skorpion dachte an seine Ohrläppchen und stellte das Buch ins °Regal
zurück. Er nahm ein anderes. Als er es bezahlen wollte, °klagte ein
25 Bücherfreund: Das ist das Buch, das ich seit Jahren suche. Jetzt °kaufts
mir ein anderer weg. Der Skorpion dachte an den grausamen Zug um
seinen Mund und sagte: Nehmen Sie das Buch. Ich °trete zurück. Der
Bücherfreund weinte fast. Er preßte das Buch mit beiden Händen an
sein Herz und ging davon. Das war ein guter °Kunde, sagte der Buch-
30 händler, aber für Sie ist auch °noch was da. Er zog aus dem Regal das
Buch, das der Skorpion so gern gehabt hätte. Der Skorpion °winkte ab:
das kann ich °mir nicht leisten. – Doch, Sie können, sagte der Buchhändler, eine Liebe ist der anderen °wert. Machen Sie den Preis. Der Skorpion weinte fast. Er preßte das Buch mit beiden Händen fest an sein
35 Herz, und, da er nichts mehr frei hatte, °reichte er dem Buchhändler
zum Abschied seinen °Stachel. Der Buchhändler °drückte den Stachel
und °fiel tot um.

grausam *cruel, gruesome*
der Zug, ⸚e *here: facial expression*
sich verbohren in (+ *acc.*) *to bury oneself in*
gehn = gehen
das Unheil *calamity, disaster*
kurzsichtig *near-sighted*
tauschen *to exchange*
verzichten auf (+ *acc.*) *here: to decide
   against (usually: to renounce)*

beschimpfen *to call names, to cuss*
gelten lassen *to let pass*
das Geschimpfe *cussing*
die Brieftasche, -n *wallet*
sich bücken *to stoop*
sich um|drehen *to turn around*
das Regal, -e *shelf*
klagen (über + *acc.*) *to complain (about)*
kaufts = kauft es
weg|kaufen *to buy away (under one's
   very nose)*
zurück|treten*, (i), a, e *to step back;
   here: to withdraw*
der Kunde, -n *client*
noch was = noch etwas *something else*
ab|winken *to decline (with a wave of the
   hand)*

sich (*dat.*) leisten *to afford*
wert sein (+ *gen.*) *to be worth*

reichen *to extend, to reach out*
der Stachel, -n *sting*

drücken *to press (as in a handshake)*
tot um|fallen*, (ä), ie, a *to fall down
   dead*

14

Fragen zum Inhalt

1. Beschreiben Sie Aussehen und Charakter des Mannes!
2. Warum geht er nicht unter die Leute? Was fürchtet er?
3. Wie zeigt sich der Mann bei der Begegnung mit der Frau?
4. Wie reagiert er, als ihm der Fremde in der Straßenbahn auf die Füße tritt? Weshalb?
5. Warum läßt der Skorpion die Brieftasche auf der Straße liegen?
6. Warum stellt er das Buch, das er so gerne haben wollte, ins Regal zurück?
7. Weshalb überläßt er das andere Buch dem Bücherfreund?
8. Was zieht der Buchhändler für den Skorpion aus dem Regal? Warum?
9. Wie endet die Geschichte?

Übungen

I. Was paßt am besten?

1. Der „Skorpion" ist in Wirklichkeit
   a) ein schlechter Mensch.
   b) hinterlistig und grausam.
   c) sanftmütig und freundlich.
   d) sehr neugierig.

2. Der Skorpion sieht
   a) nicht schlecht aus.
   b) sehr gut aus.
   c) sympathisch aus.
   d) häßlich aus.

3. Die anderen Personen in der Geschichte behandeln *(= to treat)* den Mann
   a) wie jeden anderen Menschen.
   b) miserabel.
   c) besonders gut.
   d) wie einen Skorpion.

4. Der Buchhändler fiel tot um, weil
   a) der Skorpion ihn töten wollte.
   b) der Skorpion vergaß, daß er einen Stachel hatte.
   c) er nicht nett zu dem Skorpion war.
   d) der Skorpion eine grausame Natur hatte.

II. Wie heißt das Antonym?

1. mehrmals
2. freundlich
3. aussteigen
4. lang
5. teuer
6. weinen
7. kaufen
8. lebendig

III. Finden Sie jeweils ein verwandtes Substantiv (mit Artikel) und geben Sie seine englische Bedeutung an!

Beispiel: freundlich – die Freundlichkeit *(friendliness)*
spazierengehen – der Spaziergang *(walk)*

1. hinterlistig
2. jähzornig
3. hängen
4. neugierig
5. verbrecherisch
6. schimpfen
7. bedeuten
8. bitten
9. fremd
10. handeln

IV. Setzen Sie die passende Präposition und die richtige Form des Artikels ein!

Beispiele: Er bat mich _____ _____ Geld.

Er bat mich *um das* Geld.

Er hatte einen Hang _____ Trinken.

Er hatte einen Hang *zum* Trinken.

1. Seine Brauen waren _____ _____ Nase zusammengewachsen.

2. Der Skorpion wollte nicht _____ _____ Leute gehen, denn er hatte einen grausamen Zug _____ _____ Mund.

3. Er verbohrte sich immer mehr _____ _____ Sache.

4. Der Mann verzichtete am Ende _____ _____ Geld.

5. _____ _____ Straßenbahn trat ihm ein Fremder _____ _____ Füße.

6. Ich denke oft _____ _____ Skorpion.

7. Der Bücherfreund preßte das Buch _____ _____ Händen _____ _____ Herz.

8. Die Brieftasche lag _____ _____ Straße.

9. Er zog das Buch _____ _____ Bücherregal.

10. Er gab ihm _____ Abschied die Hand.

V. Bilden Sie ganze Sätze mit folgenden Wörtern und Ausdrücken!

1. aussteigen
2. gern haben
3. (jemandem etwas) reichen
4. wert sein

5. wechseln
6. passen
7. bitten
8. seit Jahren

Themen zur Diskussion und schriftlichen Beantwortung

*1. Wie paßt das Äußere des Mannes zu seinem wahren Charakter?
(Denken Sie an das englische Sprichwort: *You can't judge a book by its cover!*) Begründen Sie Ihre Ansicht!
2. Hätten Sie ein solches Ende der Geschichte erwartet? Warum (nicht)?
3. Was könnte der Stachel in dieser Geschichte symbolisieren?
4. Was will die Autorin in dieser kurzen Erzählung Ihrer Meinung nach zum Ausdruck bringen?

Otto Flake

Otto Flake, a pseudonym for Leo F. Kotta, was born in 1880 in Metz, a small town in France close to the German border. After studying philosophy, art history and German literature at Strassburg, Flake travelled in Russia, England and France and lived in Brussels, Berlin and finally Baden-Baden, where he died in 1963. His works were widely read, especially during the 1930's and 1940's. They include prose, philosophical and critical essays, as well as numerous novels (*Hortense*, 1933; the *Fortunat* series, 1946) whose themes deal mainly with the political and societal problems of his time, particularly in his native Alsatian region. In 1922 Kurt Tucholsky described Otto Flake as "the most important German essayist next to Heinrich Mann", but he remains to this day one of the most neglected of the prominent German authors of the early 20th century. His autobiography *Es wird Abend* appeared in 1960.

Der Brief was written in 1961 and was first published in 1966 in a collection of short stories entitled: *Finnische Nächte. Die Erzählungen.* The brief episode it describes might be totally attributed to an unhappy coincidence, or it might attest to a hidden psychological phenomenon.

Der Brief

Das °Dach über der °Mansarde ließ Wasser durch. Die Mansarde war die °Abstellkammer; im Lauf der Jahre hatte man alles, was im Wege stand, in ihr °untergebracht. Die Haushälterin erklärte Millner, die °Gelegenheit müsse °benutzt werden, um da oben °aufzuräumen und
5 °Ordnung zu schaffen. Er hörte die energische Frau zwei Tage lang über seinem Studio °rumoren.

Zuletzt stand auf dem Sofa eine Reihe von Kartons.

„Es scheinen °quittierte Rechnungen zu sein", sagte sie, "aber selbst wenn sie nicht quittiert wären, könnte man dieses alte °Zeug verbrennen
10 – ich habe in der Zeitung gelesen, daß alle °Forderungen nach fünf Jahren °hinfällig werden."

„Ich war immer ein pünktlicher Zahler", °erwiderte er amüsiert; sie verließ ihn, und um es hinter sich gebracht zu haben, begann er sofort mit der °Sichtung.

das Dach, ⸚er *roof*
die Mansarde, -n *attic room*
die Abstellkammer, -n *storage room*
unter|bringen, a, a *here: to store*
die Gelegenheit, -en *opportunity*
benutzen *to use*
auf|räumen *to clean up*
Ordnung schaffen *to put (things) in order*
rumoren *to make noise*

quittieren *to give a receipt (for)*
das Zeug *stuff*
die Forderung, -en *demand (for payment)*
hinfällig werden *to become invalid*

erwidern *to reply*

die Sichtung *sorting out, examination*

15 Es waren °Bankauszüge aus den dreißiger Jahren, °Steuererklärungen und °Steuerbescheide aus derselben Zeit. Ein Bündel bestand aus den °Lieferungsscheinen der Firmen, die seine Wohnung °eingerichtet hatten; ein anderes aus °Postscheckabschnitten. Die Vergangenheit, unter dem °Gesichtspunkt von Zahlungen, °breitete sich da aus.

20 Die Haushälterin hatte recht – das alles war nur noch °Makulatur, die °Lebensversicherungsprämien, die °Krankenkassenraten, die °Nachnahmen für den Honig von 1933 und den Kaffee aus Hamburg, die °Hotelbelege °von ehedem und die °Schneiderrechnungen seiner Frau, die ihn verlassen hatte und °verschollen war.

25 Da man sich im Sommer befand, konnte er diesen °Wust nicht in die °Zentralheizung stecken; er trug ihn in den Garten hinaus. Unter der °Tanne war eine Stelle, wo nichts wuchs. Hier °schüttete er die Papiere aus und °steckte sie an. Das °vergilbte Zeug war wie °Zunder; die Flammen hatten in der Helle des Tages keine Kontur, sie °gingen in die
30 °zitternde Luft über. Mit einem °Ast °lockerte er, und sein Blick fiel auf etwas, das ein Brief zu sein schien. °Verwundert sah er die °ungestempelte °Marke, bückte sich und starrte auf die Anschrift. Sie °stammte von seiner Hand und °lautete: Frau Lisbet Millner, zur Zeit Partenkirchen, °postlagernd. Was war das? Er hatte damals, es mußte 1935 gewe-
35 sen sein, Lis unter dieser Adresse geschrieben und keine Antwort erhalten. Und dieser Brief hier, der °offenbar nicht abgeschickt worden war, wie ordnete er sich ein, was °hatte es mit ihm auf sich? Er ging ins Zimmer zurück, setzte sich an den Schreibtisch und °schnitt den Brief auf. Da stand das Datum, von vor zwanzig Jahren. Erster Juli 1935, und
40 da stand, daß er, von ihrem Brief aus Partenkirchen °erschüttert, nach °reichlicher Überlegung bereit sei, sie wieder aufzunehmen, zu vergessen und einen neuen Abschnitt mit ihr zu beginnen unter der °Bedingung, daß sie vorerst nur als zwei °Hausgenossen miteinander °verkehrten.

45 Kein °Zweifel, das hier war der Brief – nicht eine °Abschrift, sondern der Text selbst, denn eine Kopie steckt man nicht in einen °Umschlag mit Freimarke, und wenn auch nach zwanzig Jahren auf das °Gedächtnis kein voller °Verlaß sein mochte, das eine wußte er: in jenem Jahr hatte Lisbet ihn im Januar verlassen, im Juni den Versuch zur °Versöhnung
50 gemacht und er einen einzigen Brief an sie geschrieben, °eben diesen.

Und nun °stellte sich heraus, daß der Brief nicht an sie abgegangen war, er aber geglaubt hatte, es sei geschehen. °Irrtümer dieser °Art °ereigneten sich leicht. Man trug mehrere Briefe zur Post und merkte nicht, daß einer °fehlte, der unter die Papiere °geraten war. Er erinnerte sich an
55 den Juli 1935 gut. Ein heißer Monat, die Unruhe °trieb ihn in den Wald. Warum schrieb sie nicht, obwohl er °sich gegen seine °Überzeugung überwunden hatte. Dann die Überlegung: Sie glaubt wie du nicht recht daran, daß eine °zerbrochene °Ehe °geflickt werden kann, oder sie hat °sich mit ihrem Geliebten ausgesöhnt. Die Zeit °verfloß, der Krieg kam,
60 drei Jahre nach seinem Ende °beantragte er die °Todeserklärung, sie ging durch.

---

der Bankauszug, ⁼e *bank statement*
die Steuererklärung, -en *tax return*
der Steuerbescheid, -e *tax bill*
der Liefer(ungs)schein, -e *delivery slip*
ein|richten *to furnish*
der Postscheckabschnitt, -e *money order receipt*
der Gesichtspunkt, -e *point of view*
sich aus|breiten *to spread out*
die Makulatur, -en *waste paper*
die Lebensversicherungsprämie, -n *life insurance premium*
die Krankenkasse *health insurance program in West Germany*
die Rate, -n *monthly rate*
die Nachnahme, -n *cash on delivery (C.O.D.)*
der Beleg, -e *receipt*
von ehedem *from that time*
der Schneider, - *tailor*
verschollen *lost, missing*
der Wust *confused heap (of papers)*
die Heizung, -en *heating system*
die Tanne, -n *fir tree*
aus|schütten *to empty out*
an|stecken *to light, to set fire to*
vergilbt *yellowed (with age)*
der Zunder *tinder*
über|gehen*, i, a, in (+ acc.) *to dissipate, to dissolve into*
zittern *to tremble*
der Ast, ⁼e *branch*
lockern *to loosen*
verwundert *astonished*
ungestempelt *unstamped* (stempeln *to stamp*)
die Marke, -n (die Freimarke, -n) = die Briefmarke, -n *stamp*
stammen von *to stem from, to come from*
lauten *to read, to say*
postlagernd *left at post office until picked up*
offenbar *evidently*
es auf sich haben mit *to be (all) about*
auf|schneiden, i, i *to cut open*
erschüttert *shaken (by)*
reichlich *ample*
die Bedingung, -en *condition*
der Hausgenosse, -n *a person who lives in the same house*
verkehren mit *to associate with*
der Zweifel, - *doubt*
die Abschrift, -en *copy*
der Umschlag, ⁼e *envelope*
das Gedächtnis, -se *memory*
es ist kein Verlaß auf (+ acc.) *it is not to be relied upon*
die Versöhnung *reconciliation*
eben *precisely*
sich heraus|stellen (daß) *to turn out (that)*

18

Er kehrte in den Garten zurück, um nach dem Feuer zu sehen. Die Asche glühte noch. Er °zögerte, dann legte er den Brief darauf. Die Marke °krümmte sich, der Umschlag verkohlte, die Worte Lisbet Mill-
5 ner und Partenkirchen traten ein letztes Mal hervor.

Der Ast °zerstreute die Reste. Öffnet man ein °Grab nach zwanzig Jahren, so °enthält es nur noch °Moder. Ihn °fröstelte trotz des Sommers. Er ging ins Haus zurück.

zerbrochen *broken* (zerbrechen*, (i), a, o *to break*)
die Ehe, -n *marriage*
flicken *to mend*
sich aus|söhnen mit *to become reconciled with*
verfließen*, o, o *to pass by*

beantragen *to apply for*
die Todeserklärung, -en *death certificate*

zögern *to hesitate*
sich krümmen *tó bend, to crinkle, to curl up*

der Irrtum, ⸗er *error, mistake*
die Art, -en *kind*
sich ereignen *to happen*
fehlen *to be missing*
geraten*, (ä), ie, a *to get into, here: to fall (among)*
treiben, ie, ie *here: to drive, to urge on*
sich überwinden, a, u *to overcome oneself*
die Überzeugung, -en *conviction*
zerstreuen *to scatter, to disperse*
das Grab, ⸗er *grave*
enthalten, (ä), ie, a *to contain*
der Moder *mustiness*
mich (dich, etc.) fröstelt *I am chilly, I am shivering*

Fragen zum Inhalt

1. Warum hat die Haushälterin die Idee, die Abstellkammer unter dem Dach aufzuräumen?
2. Worum bittet die Haushälterin Herrn Millner, nachdem sie die Kartons heruntergebracht hat?
3. Was für Papiere findet Millner in den Kartons, und aus welcher Zeit stammen sie?
4. Warum trägt er alle Papiere hinaus in den Garten?
5. Was bemerkt er plötzlich in dem Wust?
6. Aus welcher Zeit stammt der Brief, und wer hat ihn geschrieben?
7. Warum ist der Brief nie angekommen?
8. An wen war der Brief addressiert, und was ist sein Inhalt?
9. Was hat Millner all die Jahre geglaubt?
10. Wie versucht er zu erklären, daß der Brief nie abgegangen war?
11. Warum hat seine Frau wohl nie geantwortet?
12. Warum hat Millner nach dem Krieg die Todeserklärung seiner Frau beantragt?
13. Was macht Millner mit dem Brief und warum fröstelt ihn, als er ins Haus zurückgeht?

Übungen

I. Ordnen Sie die Wörter in A und B sinngemäß einander zu!

A
1. die Abschrift
2. sich ereignen
3. sehen
4. der Fehler
5. erhalten
6. die Stelle
7. überlegen
8. gebrauchen
9. aufräumen
10. antworten

B
a) bekommen
b) der Platz
c) nachdenken
d) Ordnung schaffen
e) schauen
f) benutzen
g) die Kopie
h) der Irrtum
i) erwidern
j) geschehen

II. Welches Wort paßt nicht?

Beispiel: Vater, Tante, Schwester, Tasche, Sohn: *Tasche*

1. Brief, Datum, Sofa, Anschrift, Umschlag
2. Tanne, Baum, Ast, Wald, Zentralheizung
3. Wohnung, Sommer, Kammer, Raum, Zimmer
4. Buch, Zeitung, Firma, Illustrierte, Geschichte

5. Versöhnung, Lebensversicherungsprämie, Bankauszug, Steuererklärung, Rechnung
6. verheiratet, Ehe, Kinder, Post, Haushalt
7. Flamme, Gedächtnis, verbrennen, Asche, Feuer
8. Dach, Honig, Schinken, Wurst, Brot

III. Welches ist die beste Definition?

1. Eine Haushälterin ist
   a) eine Frau, die viel in ihrem Haus arbeitet.
   b) eine Frau, die den Haushalt anderer Leute führt.
   c) eine Frau, die ein Haus besitzt.

2. Ein Hausgenosse ist
   a) ein guter Freund der Familie.
   b) ein Mann, der repariert, was im Haus nicht funktioniert.
   c) ein Mann, der in demselben Haus wohnt.

3. Die Krankenkasse ist
   a) eine Versicherung für Leute, die krank werden.
   b) ein Haus für kranke Leute.
   c) ein Wagen, der die Kranken ins Krankenhaus bringt.

4. Eine Quittung ist
   a) der Preis, den man bezahlen muß, wenn man etwas kaufen will.
   b) eine billige Rechnung.
   c) ein Stück Papier, das man erhält, wenn man eine Rechnung bezahlt hat.

5. Ein Gesichtspunkt ist
   a) ein Punkt im Gesicht.
   b) eine Maske für das Gesicht.
   c) wie man eine Sache betrachtet.

IV. Bilden Sie ganze Sätze mit folgenden Wörtern und Ausdrücken!

1. die Gelegenheit benutzen
2. im Lauf der Jahre
3. (etwas) hinter sich bringen
4. stecken

5. bestehen aus
6. stammen von
7. unter der Bedingung, daß
8. sich herausstellen (daß)

V. Erzählen Sie die Geschichte mit eigenen Worten nach und sagen Sie dabei etwas über:

1. die Mansarde
2. die Haushälterin
3. den Inhalt der Kartons
4. Herrn Millner im Garten

5. Adresse und Inhalt des Briefes
6. Lisbet Millner
7. den Irrtum
8. die Folgen des Irrtums

Themen zur Diskussion und schriftlichen Beantwortung

*1. Gibt es vielleicht einen tieferen Grund dafür, warum der Brief nie angekommen ist?
*2. In dieser Geschichte wird die Vergangenheit wieder lebendig, indem der Erzähler einen Brief findet, von dem er glaubt, daß er längst abgeschickt worden sei. Ist in Ihrem Leben etwas passiert, das Sie an diese Geschichte erinnert?
 3. Wie würden Sie Millner charakterisieren? Begründen Sie Ihre Ansicht!

Angela Sommer

Angela Sommer was born in 1948 in Reinbek near Hamburg. She studied sociology, took a teacher training course, and has been teaching in Hamburg ever since 1973. This young poet received wide acclaim for her first collection of poems, *Sarah bei den Wölfen* (1979). She has also written a children's book entitled *Der kleine Vampir* (1979). Her themes center around the experiences of individuals who find themselves threatened by an increasingly strange and alienating social environment. Very frequently dream and fairy tale motifs serve to establish a distance between the reader and the anxiety-producing situation confronting the protagonist.

The following story appeared in *Jahresring 74–75 Literatur und Kunst der Gegenwart* (1974). The setting has all the trappings of reality, but the protagonist finds himself unexpectedly confronted by a trick which shakes his confidence and leaves him disoriented and confused in an otherwise familiar environment.

Der Kaufmann und das Mädchen

Er hatte sein Auto in einer Seitenstraße geparkt, dort, wo die Straßenmädchen unter den Laternen standen, in dem häßlichsten und schmutzigsten °Winkel der Stadt.

Auf dem Weg ins Theater überlegte er, welche Konsequenzen es hätte,
5 wenn er die beiden °Läden kaufen würde, die man ihm °angeboten hatte; er wollte kein Risiko eingehen, und deshalb fiel ihm die °Entscheidung schwer. Auch °hierzu würde er Rolf befragen, den Schulfreund, der ihn im Theater erwartete; ein Wiedersehen nach fünfzehn Jahren. Rolf hatte sich um die Karten °gekümmert, das Stück °ausge-
10 sucht. Sie wollten sich im Foyer treffen, so hatten sie es °ausgemacht.

Da er °sich auf Rolf verlassen konnte, hatte er im Büro noch einige Arbeiten °erledigt, die °keinen Aufschub duldeten. Sie hatten den Nachmittag und auch den frühen Abend °in Anspruch genommen, so daß er jetzt verspätet war.

15 Er °betrat das Theater durch die °Drehtür. Im Foyer stand eine Frau mittleren Alters, deren Gesicht ihm °auffiel, weil es so °blaß war. Sie

der Winkel, - *nook, angle; here: part of town*
der Laden, = *shop*
an|bieten, o, o *to offer*
die Entscheidung, -en *decision*
hierzu *here: about this*
sich kümmern um *to see to it, to take care of*
aus|suchen *to choose*
(etwas) aus|machen *to agree upon*
sich verlassen, (ä), ie, a auf (+ *acc.*) *to rely upon*
erledigen *to finish, to take care of*
keinen Aufschub dulden *to be urgent*
in Anspruch nehmen, (i), a, o *to claim, to take up*
betreten, (i), a, e *to enter*
die Drehtür, -en *revolving door*
auf|fallen*, (ä), ie, a *to strike, to be striking*
blaß *pale*

trug ein dunkles Wollkleid, das ihren Hals freiließ. In der Hand hielt sie
ein Bündel gelber Karten.

Der Kaufmann hatte °sogleich gesehen, daß sein Freund nicht am °ver-
20 abredeten Treffpunkt wartete. Er sah sich suchend um. Nein, er °nahm
nicht an, daß sich Rolf verspäten würde, wußte er doch, wie °übertrie-
ben pünktlich er früher gewesen war.

Er ging zu der Frau hinüber und fragte, ob die °Vorstellung schon
begonnen hätte.

25 „Aber ja", sagte sie und sah ihm °forschend ins Gesicht, „nur sind wir
°ausverkauft."

„Ausverkauft?" fragte er °überrascht, „aber Sie haben doch noch Karten in der Hand!".

„Die sind reserviert!" sagte sie °knapp.

30 „Reserviert?"

Sie nickte.

„Haben Sie einen Herrn gesehen, der hier gewartet hat?" fragte er.

Jetzt lächelte die Frau. Sie trat ganz nah an den Kaufmann heran und
°flüsterte: „Hier gibt es viele Herren, alte und junge, große und kleine.
35 Aber keinen, wie Sie ihn suchen!"

„Woher wollen Sie das wissen?" rief er. „Ich habe Ihnen doch gar keine
°Einzelheiten beschrieben."

„Eben", lächelte sie.

In diesem Augenblick wurde die Drehtür °aufgestoßen, und zwei junge
40 Männer kamen herein. °Rasch verließ die Frau ihren Platz und öffnete
das Fenster der °Kasse. Sie °schob den Männern zwei Karten hin, nahm
das Geld entgegen und schloß das Kassenfenster wieder, während die
beiden °eilig im Theater °verschwanden.

°„Jetzt reicht es mir aber!" rief der Kaufmann, „Sie wollen mich wohl
45 °zum Narren halten. Warum geben Sie mir keine Karte? Ich war früher
als die Herren hier!"

Damit ging er zur Kasse und begann, gegen das Fenster zu trommeln.
Sogleich ließ die Frau einen °Vorhang herunter und rief °mit verstellter
Stimme: „Gehen Sie endlich! Wir sind ausverkauft!"

50 Im Foyer stand jetzt ein alter Mann, der die dunkle Uniform der °Kas-
sierer trug. „Wissen Sie vielleicht etwas von einem Herrn, der hier
gewartet hat?" fragte der Kaufmann im Näherkommen.

„Aber °gewiß doch", sagte der Mann, „er hat eine Karte für Sie zurück-
gelegt."

55 °„Na also!" meinte der Kaufmann °erleichtert.

Der alte Mann reichte ihm eine Karte. Dann °verbeugte er sich, konnte
aber ein Lächeln nicht °verbergen. Der Kaufmann, plötzlich °mißtrau-

sogleich *at once*

verabreden *to agree upon*

an|nehmen, (i), a, o *to assume*

übertrieben pünktlich *overly punctual*

die Vorstellung, -en *performance*

forschen *here: to search*

ausverkauft *sold out*

überrascht *surprised*

knapp *curtly*

flüstern *to whisper*

die Einzelheit, -en *detail*

auf|stoßen (ö) ie, o *to push open*

rasch *quickly*

die Kasse, -n *ticket window*

(jemandem etwas) hin|schieben, o, o *to push toward*

eilig *hastily*

verschwinden*, a, u *to disappear*

Jetzt reicht es mir aber! *(coll.) That does it! I've had enough!*

jemanden zum Narren halten, (ä), ie, a *to take someone for a fool*

der Vorhang, ⸚e *curtain*

mit verstellter Stimme *with an altered voice*

der Kassierer, – *cashier*

gewiß *certainly*

Na also! *(coll.) See!*

erleichtert *relieved*

sich verbeugen *to bow*

verbergen, (i), a, o *to hide*

mißtrauisch *suspicious, distrustful*

22

isch geworden, °betrachtete die Karte genauer, °entdeckte aber nichts Ungewöhnliches. Das Datum °stimmte, der Stempel des Theaters war
60 da, und die Karte °galt für die siebte Reihe, Platz vierzehn.

Er hielt dem Alten die Karte hin und sah zu, wie er mit °ungeschickten Bewegungen den °Kontrollabschnitt °entfernte; seine Hände zitterten, und er schimpfte leise. Dann trat der Mann zur Seite und gab den Weg frei.

65 Der Kaufmann eilte an der °Garderobenfrau vorbei, °schüttelte nur °stumm den Kopf, als sie ihm ein Programmheft verkaufen wollte, und °erreichte °schließlich die Eingangstür zum Theater.

Er hörte eine Frauenstimme, ein paar Leute lachen. Gerade wollte er die Tür öffnen, als ihn jemand an der Schulter °berührte. Vor ihm stand
70 ein Mädchen. Er sah ihre Augen schimmern, und er hörte sie schnell und °heftig atmen.

„Ihre Karte", flüsterte sie, indem sie sich vorbeugte und in sein Ohr sprach, „Sie müssen mir Ihre Karte zeigen!"

Er zögerte, wollte °abwehren, aber dann suchte er doch in seinen
75 Taschen, fand die Karte und gab sie ihr.

„Aber hier ist es doch viel zu dunkel", protestierte er, „Sie können doch gar nichts erkennen."

„Oh doch", sagte sie und sah ihn an, „man °gewöhnt sich."

°Auf einmal begann sie zu lachen. Sie °schwenkte die Karte durch die
80 Luft und rief: „Siebte Reihe! Vierzehnter Platz!"

„Ja, und?" rief er °ungeduldig.

Sie gab keine Antwort, sondern °schmiegte sich an ihn und °umarmte ihn.

„Sie Armer!" sagte sie.

85 Er bewegte seinen Kopf, um sie °loszuwerden, aber der °Druck ihrer Arme °verstärkte sich noch.

„Was machen Sie denn!" rief er.

Sie lachte. „Bleiben Sie doch ein bißchen mit mir zusammen", sagte sie dann.

90 „Ich bitte Sie", rief er und suchte nach Worten.

„Worum bitten Sie mich?" fragte sie und °streichelte seinen Hals, „um einen Kuß? Oder um mehr?"

Dabei °wand sie sich und °faßte ihn noch fester.

„Also gut", sagte er °matt, „was soll ich tun?"

95 „Was Sie tun sollen? Aber was weiß denn ich?" Sie machte ein °erschrockenes Gesicht, aber er glaubte ihr nicht.

„Sie sind doch ein freier Mensch! Oder nicht? Keiner hält Sie. Oder hält Sie jemand?"

---

betrachten *to look at*
entdecken *to discover*
stimmen (das stimmt) *to be correct*
gelten, (i), a, o *to be valid (usually used in third person sing.)*
ungeschickt *clumsy*
der Kontrollabschnitt, -e *segment*
entfernen *to remove*

die Garderobenfrau, -en *checkroom attendant*
schütteln *to shake*
stumm *mute; here: silently*
erreichen *to reach, to come up to*
schließlich *finally*
berühren *to touch*
heftig atmen *to breathe heavily*

ab|wehren *to ward off*

sich gewöhnen an (+ acc.) *to get used to, to accustom oneself*
auf einmal *all of a sudden*
schwenken *to wave*
ungeduldig *impatiently*

sich schmiegen an (+ acc.) *to nestle against*
umarmen *to embrace*
jemanden los|werden*, (i), u, o *to get rid of*
der Druck *pressure*
sich verstärken *to increase*

streicheln *to stroke*

sich winden, a, u *to twist*
fassen *to grab, to clutch; here: to hold*
matt *faintly*

erschrocken *frightened* (erschrecken*, (i), a, o *to be frightened*)

Sie ließ ihre Arme sinken, und er benutzte die Gelegenheit, um die Tür
zum Theaterraum zu öffnen und einzutreten, verfolgt von ihrem
Lachen, das plötzlich schrill und °abgehackt war. Als sich seine Augen
an das Dunkel gewöhnt hatten, sah er, daß alle Plätze °leer waren. Auch
die °Bühne war dunkel.

„Ja, was ist denn das?" rief er und eilte wieder nach °draußen, um das
Mädchen zu fragen. Es war verschwunden. °Dafür stand im Foyer die
Frau im Wollkleid, mit der er zuerst gesprochen hatte.

„Ich verstehe das nicht", rief er, „da ist ja alles dunkel."

„Jaja", sagte sie lächelnd.

„Und was ist mit der Vorstellung?"

„Die ist °soeben zu Ende", lächelte sie.

„Zu Ende?" Er konnte es nicht °fassen. „Aber wann hat sie denn angefangen?"

„Angefangen?" Sie sah ihn verwundert an. „Wie immer natürlich."

„Aber es war doch noch gar nicht spät, als ich kam", rief er.

„Nicht spät?" lachte sie. „Kommen Sie", rief sie plötzlich °aufgeregt,
„wenn wir uns beeilen, dann können Sie noch die °Hauptdarstellerin
sehen!"

Sie zog ihn auf die Straße und zeigte auf ein Mädchen, das gerade in ein
Auto stieg.

„Sie?" rief der Kaufmann erschrocken, denn es war die °Platzanweise-
rin, das Mädchen mit den großen, schimmernden Augen, das ihn
umarmt gehalten hatte.

„Aber das ist doch –", °wandte er sich an die Frau neben ihm.

„Natürlich", lachte sie und begann zu laufen.

„Entschuldigen Sie mich", rief sie und winkte ihm, „mein Zug fährt."

Jetzt °fuhr auch das Auto langsam an. Der Kaufmann erkannte auf den
°Vordersitzen die beiden Männer, die das Theater °kurz nach ihm betreten und noch zwei Karten erhalten hatten.

Die Hauptdarstellerin aber, als sie ihn sah, deckte rasch eine Hand über
ihr Gesicht.

Dann waren sie °vorüber.

---

abgehackt	*staccato*
leer	*empty*
die Bühne, -n	*stage*
draußen	*outside*
dafür	*here: instead*
soeben	*just now*
etwas nicht fassen können	*not to be able to believe*
aufgeregt	*excited(ly)*
die Hauptdarstellerin, -nen	*the main actress*
die Platzanweiserin, -nen	*usherette*
sich wenden, a, a an (+ acc.)	*to turn toward*
an|fahren*, (ä), u, a	*to start to move*
der Vordersitz, -e	*front seat*
kurz	*short(ly)*
vorüber	*gone*

Fragen zum Inhalt

1. Wohin geht der Kaufmann, nachdem er sein Auto geparkt hat?
2. Was ist der Grund für den Theaterbesuch?
3. Weshalb hat er sich verspätet?
4. Warum hat der Kaufmann keine Karte?
5. Warum fragt er die Frau im Foyer, ob die Vorstellung schon begonnen hätte?
6. Wieso kann man glauben, daß die Frau den Freund des Kaufmanns kennt oder gesehen hat?
7. Wer erhält die reservierten Karten?
8. Warum trommelt der Kaufmann gegen das Fenster der Kasse?
9. Was hört er von dem alten Mann in Uniform, und was bekommt er von ihm?
10. Was geschieht, als der Kaufmann die Eingangstür zum Theater erreicht?
11. Warum protestiert der Kaufmann, als das Mädchen seine Karte sehen will?
12. Wie reagiert der Kaufmann auf die Umarmungen des Mädchens?
13. Was sieht er, als er die Tür zum Theaterraum öffnet?
14. Warum eilt er wieder nach draußen?
15. Was sagt ihm die Frau im Wollkleid?
16. Weshalb zieht sie den Kaufmann auf die Straße?
17. Wen kann der Kaufmann in dem abfahrenden Auto erkennen?

Übungen

I. Sagen Sie „richtig" oder „falsch"! Halten Sie sich an den Inhalt der Geschichte!

1. Der Kaufmann hatte seinen Schulfreund 15 Jahre nicht mehr gesehen.
2. Rolf wollte sich um die Karten kümmern.
3. Der Kaufmann kam pünktlich im Theater an.
4. Im Foyer des Theaters gab es viele Leute.
5. Rolf wartete dort auf seinen Freund.
6. Die Frau im Wollkleid sagte dem Kaufmann, daß die Vorstellung ausverkauft sei.
7. Die beiden jungen Männer bekamen auch keine Karten mehr.
8. Der Mann in Uniform hatte eine Karte für den Kaufmann.
9. Der Kaufmann kaufte sich ein Programmheft.
10. Das Mädchen an der Eingangstür wollte seine Karte sehen.
11. Das Mädchen umarmte den Kaufmann.
12. Der Kaufmann freute sich darüber.
13. Als der Kaufmann in den Theaterraum eintrat, hatte die Vorstellung schon begonnen.
14. Das Mädchen wartete im Foyer.
15. Die Frau im Wollkleid sagte, daß die Vorstellung schon zu Ende sei.
16. Die Platzanweiserin war die Hauptdarstellerin der Vorstellung.
17. Der Kaufmann erkannte seinen Freund im Auto.

II. Wählen Sie von der folgenden Liste jeweils das passende Wort und setzen Sie es in seiner richtigen Form in die Geschichte ein!

die Karte	das Risiko	verlassen
die Entscheidung	der Theaterraum	ausverkauft
der Kassierer	der Platz	erhalten
überlegen	zu Ende sein	der Vorhang
die Reihe	gelten	entfernen
die Einzelheit	das Stück	erkennen
beginnen	die Gelegenheit	die Kasse
die Vorstellung	die Bühne	

Er war nur einen Tag in Berlin und wollte die _____ benutzen, ins Theater zu gehen.

Aber er _____ lange, ob er nicht lieber einen Freund besuchen solle, den er mehrere

Jahre nicht gesehen hatte. Es war keine leichte _____. Da es spät war, fuhr er mit dem

Taxi zum Theater, denn er wollte nicht das _____ eingehen, keine

_____ mehr zu _____. Das _____

sollte sehr gut und fast immer _____ sein. An der _____ mußte

er lange warten, hatte aber Glück. Die Platzanweiserin führte ihn in den _____, nach-

dem der _____ den Kontrollabschnitt seiner Karte _____

hatte. Sie _____ für die 21. _____, aber wegen der Dunkelheit

konnte er die Nummer seines _____ nicht sofort _____. Als er

ihn endlich gefunden hatte, öffnete sich gerade der _____ der _____,

und die _____ _____. In der Pause _____

die meisten Zuschauer ihre Plätze, um über verschiedene _____ des Stückes

zu diskutieren.

Die Vorstellung _____ früher _____ als gedacht, und er

konnte seinen Freund noch anrufen.

III. Wie heißt das Antonym?

1. die Hauptstraße
2. häßlich
3. schmutzig
4. dunkel
5. pünktlich

6. beginnen
7. öffnen
8. ungeschickt
9. leer
10. zuerst

IV. Bilden Sie ganze Sätze mit folgenden Wörtern und Ausdrücken!

1. sich kümmern um
2. (etwas) ausmachen
3. sich verlassen auf
4. in Anspruch nehmen
5. auffallen
6. sich verabreden

7. es stimmt (nicht), daß
8. (etwas oder jemanden) los-
   werden
9. (es) nicht fassen können, (daß)
10. sich gewöhnen an

V. Erklären Sie folgende Wörter und Ausdrücke auf deutsch!

Beispiel: eine Drehtür: Eine Drehtür ist eine Tür, die sich dreht.

1. die Eingangstür
2. ein Wollkleid
3. eine Platzanweiserin
4. der Treffpunkt
5. das Foyer

6. eine Frau mittleren Alters
7. (Die Vorstellung) ist ausverkauft.
8. Alles ist erledigt.
9. flüstern
10. Das duldet keinen Aufschub.

Themen zur Diskussion und schriftlichen Beantwortung

1. Weshalb sagt die Frau im Wollkleid, daß die Platzanweiserin die Hauptdarstellerin der Vorstellung war?
2. Versuchen Sie das Verhalten der Frau im Wollkleid, des jungen Mädchens und des alten Mannes zu erklären!
3. Welche Rolle spielen die beiden jungen Männer?
4. Geben Sie Beispiele dafür, daß alles, was sich im Theater ereignete, nur ein Trick war!
5. Ist Rolf Ihrer Meinung nach ein guter Freund? Warum (nicht)?
*6. Wie stellen Sie sich die nächste Begegnung zwischen dem Kaufmann und seinem Freund Rolf vor?

Max von der Grün

Max von der Grün was born in Bayreuth in 1926. After working on construction projects and as a miner in the Ruhr district, he became a free-lance writer in Dortmund, West Germany. Von der Grün was a co-founder of *Gruppe 61,* a group of writers whose objective was to portray and analyze the conditions of workers' lives in the modern industrial world.

His novels and stories, such as *Männer in zweifacher Nacht* (1962), *Irrlicht und Feuer* (1963), *Am Tresen gehen die Lichter aus* (1972) and *Stellenweise Glatteis* (1973), illustrate conflicts drawn

from the working class milieu that he so intimately knew. He reveals the plight of the working class which, until that time, had been largely neglected in West German literature. Max von der Grün became increasingly well-known when some of his works were filmed and subsequently shown on East and West German television.

The following story, taken from *Fahrtunterbrechung und andere Erzählungen* (1965), deals with the problems that can arise when an individual pretends to be more than he or she actually is because of the stigma that the social hierarchy attaches to "less prestigious" positions.

Masken

Sie fielen sich °unsanft auf dem °Bahnsteig 3a des Kölner Hauptbahnhofes in die Arme und riefen gleichzeitig. Du?! Es war ein heißer Julivormittag, und Renate wollte in den °D-Zug nach Amsterdam über Aachen. Erich verließ diesen Zug, der von Hamburg kam. Menschen
5 °drängten aus den Wagen auf den Bahnsteig, Menschen vom Bahnsteig in die Wagen, die beiden aber standen in dem °Gewühl, °spürten weder °Püffe noch °Rempeleien und hörten auch nicht, daß °Vorübergehende °sich beschwerten, weil sie °ausgerechnet vor den Treppen standen und viele dadurch °gezwungen wurden, um sie herumzugehen. Sie hörten
10 auch nicht, daß der Zug nach Aachen °abfahrbereit war, und es °störte Renate nicht, daß er wenige Sekunden später aus der Halle fuhr.

Die beiden standen stumm, jeder forschte im Gesicht des anderen. Endlich nahm der Mann die Frau am Arm und führte sie die Treppen hinunter, durch die °Sperre, und in einem Café in der Nähe des Doms tranken
15 sie Tee.

unsanft *roughly*
der Bahnsteig, -e *platform*
der D-Zug, ⁼e *express train*
drängen *to push*
das Gewühl *crowd, bustle*
spüren *to feel*
der Puff, ⁼e *push*
die Rempelei, -en *jostling*
der (die) Vorübergehende, -n *passer-by*
  (adjectival noun)
sich beschweren *to complain*
ausgerechnet *of all things*
zwingen, a, u *to force*
abfahrbereit *ready to depart*
stören *to disturb*
die Sperre, -n *gate*

Nun erzähle, Renate. Wie geht es dir? Mein Gott als ich dich so plötzlich sah . . . du . . . ich war richtig erschrocken. °Es ist so lange her, aber als du auf dem Bahnsteig fast auf mich gefallen bist . . .

Nein, lachte sie, du auf mich.

20 °Da war es mir, als hätte ich dich gestern zum letzten Male gesehen, so nah warst du mir. Und °dabei ist es so lange her . . .

Ja, sagte sie. Fünfzehn Jahre.

Fünfzehn Jahre? °Wie du das so genau weißt. Fünfzehn Jahre, das ist ja eine °Ewigkeit. Erzähle, was machst du jetzt? Bist du verheiratet? Hast
25 du Kinder? Wo fährst du hin? . . .

Langsam, Erich, langsam, du bist noch genau so ungeduldig wie vor fünfzehn Jahren. Nein, verheiratet bin ich nicht, die Arbeit, weißt du. Wenn man °es zu etwas bringen will, weißt du, da hat man °eben keine Zeit für Männer.

30 Und was ist das für Arbeit, die dich von den Männern °fernhält? Er lachte sie an, sie aber sah aus dem Fenster auf die °Tauben. Ich bin jetzt °Leiterin eines °Textilversandhauses hier in Köln, du kannst dir denken, daß man da von morgens bis abends zu tun hat und . . .

Donnerwetter! rief er und klopfte mehrmals mit der °flachen Hand auf
35 den Tisch. Donnerwetter! Ich °gratuliere.

Ach, sagte sie und sah ihn an. Sie war rot geworden.

Du hast es ja weit gebracht. Donnerwetter, °alle Achtung. Und jetzt? Fährst du in °Urlaub?

Ja, vier Wochen nach Holland. Ich habe es nötig, bin ganz °durchge-
40 dreht. Und du Erich, was machst du? Erzähle. Du siehst gesund aus.

Schade, dachte er, wenn sie nicht so eine °Bombenstellung hätte, ich würde sie jetzt fragen, ob sie mich noch haben will. Aber so? Nein, das geht nicht, sie würde mich auslachen, wie damals.

Ich? sagte er °gedehnt, und °brannte sich eine neue Zigarette an.
45 Ich . . . ich . . . Ach weißt du, ich habe ein bißchen Glück gehabt. Habe hier in Köln zu tun. Habe °umgesattelt, bin seit vier Jahren Einkaufslei- ter einer Hamburger °Werft, na ja, so was Besonderes ist das nun wieder auch nicht.

O, sagte sie und °sah ihn starr an, und ihr °Blick °streifte seine großen
50 Hände, aber sie fand keinen Ring. Sie erinnerte sich, daß sie vor fünf- zehn Jahren nach einem kleinen °Streit auseinandergelaufen waren, ohne sich bis heute wiederzusehen. Er hatte ihr damals nicht °genügt, der °schmalverdienende und immer °ölverschmierte °Schlosser. Er solle es erst zu etwas bringen, hatte sie ihm damals nachgerufen, vielleicht
55 könne man später wieder darüber sprechen. So gedankenlos jung waren sie damals. Ach ja, die Worte waren im Streit gefallen und trotzdem nicht böse gemeint. Beide aber fanden danach keine Brücke mehr zuein- ander. Sie wollten und wollten doch nicht. Und nun? Nun hatte er es zu etwas gebracht.

30

---

es ist so lange her *it's been such a long time*

da war es mir, als hätte ich . . . (es war [mir, dir etc.], als ob) *it felt to me as if*
dabei *here: yet*

Wie du das so genau weißt. *(I'm surprised) you know that so well.*
die Ewigkeit *eternity*

es zu etwas bringen, a, a *to succeed in one's profession*
eben *here: simply*

fern|halten, (ä), ie, a *to keep away*
die Taube, -n *pigeon, dove*
die Leiterin, -nen *director*
das Versandhaus, ⸚er *mail order company*
flach *flat; here: with the palm of one's hand*
gratulieren (+ dat.) *to congratulate*

alle Achtung (coll.) *more power to you!*
der Urlaub *vacation*

durchgedreht *high strung; here: exhausted, worn out*
die Bombenstellung, -en (coll.) *fantastic job*

gedehnt *drawled*
sich (dat.) an|brennen, a, a *to light up*
um|satteln *to change one's profession*
die Werft, -en *dock, wharf*

(jemanden) starr an|sehen, (ie), a, e *to stare at*
der Blick, -e *view, here: glance*
streifen *to sweep over*
der Streit *quarrel*
genügen (+ dat.) *to suffice*
schmalverdienend *earning a low wage*
ölverschmiert *oil-smeared*
der Schlosser, - *mechanic*

Dann haben wir ja beide Glück gehabt, sagte sie, und dachte, daß er immer noch gut aussieht. Gewiß, er war älter geworden, aber °das steht ihm gut. Schade, wenn er nicht so eine Bombenstellung hätte, ich würde ihn fragen, ja, ich ihn, ob er noch an den dummen Streit von damals denkt und ob er mich noch haben will. Ja, ich würde ihn fragen. Aber jetzt?

das steht ihm gut it looks good on him

Jetzt habe ich dir einen halben Tag deines Urlaubs gestohlen, sagte er und °wagte nicht, sie anzusehen.

wagen to dare

Aber Erich, das ist doch nicht so wichtig, ich fahre mit dem Zug um fünfzehn Uhr. Aber ich, ich °halte dich bestimmt auf, du hast gewiß einen °Termin hier.

auf|halten, (ä), ie, a to hold up
der Termin, -e appointment

Mach dir keine Sorgen, ich werde vom Hotel °abgeholt. Weißt du, meinen Wagen lasse ich immer zu Hause, wenn ich längere °Strecken fahren muß. Bei dem Verkehr heute, da kommt man nur durchgedreht an.

ab|holen to pick up
die Strecke, -n distance

Ja, sagte sie. Ganz recht, das mache ich auch immer so. Sie sah ihm nun direkt ins Gesicht und fragte: Du bist nicht verheiratet? Oder läßt du Frau und Ring zu Hause? Sie lachte etwas zu laut für dieses °vornehme °Lokal.

vornehm elegant
das Lokal, -e restaurant

Weißt du, antwortete er, das hat seine Schwierigkeiten. °Die ich haben will, sind nicht zu haben oder nicht mehr, und die mich haben wollen, sind nicht der Rede wert. °Zeit müßte man eben haben. Zum Suchen, meine ich. Zeit müßte man haben. Jetzt müßte ich ihr sagen, daß ich sie noch immer liebe, daß es nie eine andere Frau für mich gegeben hat, daß ich sie all die Jahre nicht vergessen konnte. Wieviel? Fünfzehn Jahre? Eine lange Zeit. Mein Gott, welch eine lange Zeit. Und jetzt? Ich kann sie doch nicht mehr fragen, vorbei, °jetzt, wo sie so eine Stellung hat. Nun ist es zu spät, sie würde mich auslachen, ich kenne ihr Lachen, ich habe es im Ohr gehabt, all die Jahre. Fünfzehn? °Kaum zu glauben.

die = die Mädchen, die Frauen
Zeit müßte man eben haben what you really need is time
jetzt wo now that
kaum hardly

Wem sagst du das? Sie lächelte. Entweder die Arbeit oder das andere, echote er.

Jetzt müßte ich ihm eigentlich sagen, daß er der einzige Mann ist, dem ich blind folgen würde, wenn er mich °darum bäte, daß ich jeden Mann, der mir °begegnete, sofort mit ihm °verglich. Ich sollte ihm das sagen. Aber jetzt? Jetzt hat er eine Bombenstellung, und er würde mich nur auslachen, nicht laut, er würde sagen, daß . . . ach . . . es ist alles so sinnlos geworden.

bitten, a, e um (+ acc.) to request, to ask for
begegnen* (+ dat.) to meet
vergleichen, i, i to compare

Sie aßen in demselben Lokal zu Mittag und tranken °anschließend jeder zwei Cognac. Sie erzählten sich Geschichten aus ihren Kindertagen und später aus ihren Schultagen. Dann sprachen sie über ihr °Berufsleben, und sie bekamen Respekt voreinander, als sie erfuhren, wie schwer es der andere gehabt hatte bei seinem °Aufstieg. Jaja, sagte sie; genau wie bei mir, sagte er.

anschließend after that
der Beruf, -e career
der Aufstieg, -e upward climb (in one's professional career)

Aber jetzt haben wir °es geschafft, sagte er laut und rauchte hastig.

Ja, nickte sie. Jetzt haben wir es geschafft. Hastig trank sie ihr Glas leer.

es schaffen (coll.) to make it

Sie hat schon ein paar °Krähenfüßchen, dachte er. Aber die stehen ihr
105 °nicht einmal schlecht.

Noch einmal bestellte er zwei °Schalen Cognac, und sie lachten viel und
laut.

Er kann immer noch so °herrlich lachen, genau wie früher, als er alle
Menschen °einfing mit seiner °ansteckenden °Heiterkeit. Um seinen
110 Mund sind zwei °steile Falten, trotzdem sieht er wie ein Junge aus, er
wird immer wie ein Junge aussehen, und die zwei steilen Falten stehen
ihm nicht einmal schlecht. Vielleicht ist er jetzt ein richtiger Mann, aber
nein, er wird immer ein Junge bleiben.

Kurz vor drei brachte er sie zum Bahnhof.

115 Ich brauche den Amsterdamer Zug nicht zu nehmen, sagte sie. Ich fahre
bis Aachen und °steige dort um. Ich wollte °sowieso schon lange einmal
das Rathaus °besichtigen.

Wieder standen sie auf dem Bahnsteig und sahen aneinander vorbei. Mit
leeren Worten versuchten sie die Augen des andern einzufangen, und
120 wenn sich dann doch ihre Blicke trafen, erschraken sie und °musterten
die °Bogen der Halle. Wenn sie jetzt ein Wort sagen würde, dachte er,
dann . . .

Ich muß jetzt einsteigen, sagte sie. Es war schön, dich wieder einmal zu
sehen. Und dann so °unverhofft . . .

125 Ja, das war es. Er half ihr beim Einsteigen und fragte nach ihrem Gepäck.

Als Reisegepäck °aufgegeben.

Natürlich, das ist °bequemer, sagte er.

Wenn er jetzt ein Wort sagen würde, dachte sie, ich stiege sofort wieder
130 aus, sofort.

Sie reichte ihm aus einem °Abteil erster Klasse die Hand. Auf Wiedersehen, Erich . . . und °weiterhin . . . viel Glück.

Wie schön sie immer noch ist. Warum nur sagt sie kein Wort. Danke,
Renate. Hoffentlich hast du schönes Wetter.

135 Ach, das ist nicht so wichtig. °Hauptsache ist das °Faulenzen, das kann
man auch bei Regen.

Der Zug °ruckte an. Sie winkten nicht, sie sahen sich nur in die Augen,
so lange dies möglich war.

Als der Zug aus der Halle gefahren war, ging Renate in einen Wagen
140 zweiter Klasse und setzte sich dort an ein Fenster. Sie weinte hinter
einer °ausgebreiteten Illustrierten.

Wie dumm von mir, ich hätte ihm sagen sollen, daß ich immer noch die
kleine Verkäuferin bin. Ja, in einem anderen Laden, mit zweihundert
Mark mehr als früher, aber ich verkaufe immer noch °Herrenoberhem-
145 den, wie früher, und Socken und Unterwäsche. Alles für den Herrn. Ich
hätte ihm das sagen sollen. Aber dann hätte er mich ausgelacht, jetzt,

---

die Krähenfüßchen *wrinkles (around the
eyes)*
nicht einmal *not (even)*
die Schale, -n *brandy snifter*
herrlich *wonderfully*
ein|fangen, (ä), i, a *to capture*
ansteckend *contagious*
die Heiterkeit *cheerfulness*
steile Falten *deep creases*

um|steigen*, ie, ie *to transfer*
sowieso *anyhow*
besichtigen *to visit, to look at*

mustern *to examine*
der Bogen, - *arch*

unverhofft *unexpectedly*

auf|geben, (i), a, e *here: to send luggage
by train*
bequem *comfortable*

das Abteil, -e *compartment*
weiterhin *(also) for the future*

die Hauptsache, -n *main thing*
faulenzen *to be lazy*
(das Faulenzen *laziness*)
an|rucken *to start to move (with a jerk)*

ausgebreitet *open (lit. spread out)*

das Herrenoberhemd, -en *shirt*

wo er ein Herr geworden ist. Nein, das ging doch nicht. Aber ich hätte °wenigstens nach seiner Adresse fragen sollen. Wie dumm von mir, ich war aufgeregt wie ein kleines Mädchen und ich habe °gelogen, wie ein kleines Mädchen, das °imponieren will. Wie dumm von mir.

50 Erich verließ den Bahnhof und fuhr mit der Straßenbahn nach °Ostheim auf eine °Großbaustelle. Dort °meldete er sich beim °Bauführer.

Ich bin der neue Kranführer.

Na, sind Sie endlich da? Mensch, wir haben schon gestern auf Sie gewartet. Also dann, der °Polier zeigt Ihnen Ihre °Bude, dort drüben in den 55 Baracken. Komfortabel ist es nicht, aber warmes Wasser haben wir trotzdem. Also dann, morgen früh, pünktlich sieben Uhr.

Ein Schnellzug fuhr °Richtung Deutz. Ob der auch nach Aachen fährt? Ich hätte ihr sagen sollen, daß ich jetzt Kranführer bin. Ach, °Blödsinn, sie hätte mich nur ausgelacht, sie kann so °verletzend lachen. Nein, das 60 ging nicht, jetzt, wo sie eine Dame geworden ist und eine Bombenstellung hat.

wenigstens *at least*
lügen, o, o *to lie*
imponieren *(+ dat.) to impress*
Ostheim *name of a town*
die Großbaustelle, -n *major construction site*
sich melden (bei) *to report*
der Bauführer, - *foreman of construction site*
der Polier, -e *foreman*
die Bude, -n *(coll.) room*

Richtung Deutz *in the direction of Deutz (name of a town)*
der Blödsinn *nonsense*
verletzend *woundingly, in a hurting way*

Fragen zum Inhalt

1. Wo begegnen sich Renate und Erich?
2. Wie kommt es zu dieser Begegnung?
3. Warum verlassen die beiden den Bahnhof?
4. Wie lange haben sie sich nicht gesehen?
5. Warum meint Erich, daß Renate es weit gebracht habe?
6. Was will er nicht fragen? Aus welchem Grund?
7. Was erzählt Erich von sich selbst?
8. Weshalb haben sich Erich und Renate damals getrennt?
9. Warum fragt Renate Erich nicht, ob er sie noch haben will?
10. Welche Gründe gibt Erich dafür an, daß er nicht verheiratet ist?
11. Was machen die beiden nach der Unterhaltung im Café?
12. Wohin will Renate fahren? Was glaubt Erich?
13. Wie erklärt Renate, daß sie kein Reisegepäck hat?
14. In welches Abteil steigt sie, während der Zug noch hält?
15. Wohin setzt sie sich nach Abfahrt des Zuges? Warum?
16. Weshalb ist Renate jetzt sehr traurig?
17. Wo arbeiten Renate und Erich in Wirklichkeit?

Übungen

I. Sagen Sie „richtig" oder „falsch"! Halten Sie sich an den Inhalt der Geschichte!

1. Renate und Erich treffen sich im Frankfurter Hauptbahnhof.
2. Auf dem Bahnsteig sind nur wenige Leute.
3. Erich und Renate gehen in ein Café.
4. Die beiden haben sich vor vielen Jahren wegen eines kleinen Streites getrennt.
5. Erich ist jetzt verheiratet.
6. Renate ist Leiterin eines Textilversandhauses.
7. Sie erzählt Erich, daß sie gerade in Urlaub fahren will.
8. Erich sagt, daß er noch immer als Schlosser arbeitet.
9. Jetzt gefällt Erich Renate nicht mehr.
10. Erich liebt Renate noch immer.
11. Beim Mittagessen sprechen sie über ihre Kindheit und ihr Berufsleben.
12. Die beiden haben es wirklich zu einer Bombenstellung gebracht.
13. Nachmittags bringt Erich Renate wieder zum Bahnhof.
14. Sie steigt zuerst in ein Abteil zweiter Klasse.
15. Sie wechselt das Abteil, nachdem der Zug aus der Halle gefahren ist.
16. Renate hat gelogen, weil sie Erich imponieren wollte.
17. Erich hat Renate die Wahrheit erzählt.

II. Sagen Sie das Gegenteil!

Beispiel: Sie ist *gesund*. Sie ist *krank*.

1. Es ist zu *spät*.
2. Er rauchte *hastig*.
3. zum *letzten* Male.
4. Es war *böse* gemeint.
5. Sie hat *gelogen*.
6. Die Leute sind *ungeduldig*.
7. Sie *haßt* ihn.
8. Er ist *intelligent*.
9. Herr Schmidt hat *viel* Geld.
10. Das ist *sinnvoll*.

III. Ordnen Sie die Wörter in A und B sinngemäß einander zu!

A 1. gleichzeitig
   2. spüren
   3. ausgerechnet
   4. stumm
   5. gewiß
   6. anschließend
   7. herrlich
   8. besichtigen
   9. unverhofft
  10. mustern
  11. Bude
  12. aufgeregt
  13. komfortabel

B a) nervös
   b) ansehen
   c) zur selben Zeit
   d) unerwartet
   e) bequem
   f) gerade
   g) Zimmer
   h) fühlen
   i) wunderbar
   j) betrachten
   k) danach
   l) bestimmt
  m) wortlos

IV. Was kann man in einem großen Bahnhof beobachten? Schreiben Sie einige Sätze zu diesem Thema und gebrauchen Sie dabei so viele der folgenden Wörter wie möglich:

der Zug; der Bahnhof; der Bahnsteig; der Wagen; das Abteil; das Reisegepäck; das Gewühl; die Treppe; die Bahnhofshalle; die Sperre; verlassen; einsteigen; aussteigen; umsteigen; (sich) drängen; sich in die Arme fallen; winken; erster (zweiter) Klasse; abfahrbereit

V. Drücken Sie den Inhalt der Sätze etwas anders aus! Achten Sie dabei auf die kursivgedruckten Ausdrücke und versuchen Sie, die folgenden Stichwörter zu benutzen:

glauben; den ganzen Tag; Karriere machen; das Wichtigste; einen Beruf ergreifen; aussteigen; elegant; einen anderen Zug nehmen; Restaurant; (nicht) möglich sein; ausgezeichnet; aussehen; lange Zeit

Beispiel: Der Zug nach Aachen war *abfahrbereit.*
         Der Zug nach Aachen konnte abfahren.

1. Erich *verließ* diesen Zug.
2. *Es war ihr, als* hätte sie ihn zum letzten Mal gesehen.
3. Das ist ja eine *Ewigkeit.*
4. Er will *es zu etwas bringen.*
5. Man hat da *von morgens bis abends* zu tun.
6. Sie hat eine *Bombenstellung.*
7. Ich habe *umgesattelt.*
8. Das *steht ihm gut.*
9. Es war ein *vornehmes Lokal.*
10. Ich *steige* in Aachen *um.*
11. *Hauptsache* ist das Faulenzen.
12. Nein, *das geht nicht.*

Themen zur Diskussion und schriftlichen Beantwortung

1. Warum hat Max von der Grün diese Geschichte *Masken* genannt?
2. Was ist die Ironie dieser Erzählung?
3. Haben Sie Mitleid mit Renate und Erich? Warum (nicht)?
*4. Glauben Sie, daß die beschriebene Situation typisch für unsere moderne Gesellschaft ist? Begründen Sie Ihre Ansicht!

Gabriele Wohmann

Gabriele Wohmann, a prominent woman writer in West Germany, was born in 1932 in Darmstadt, where she is still living today. She studied languages and music in the nearby city of Frankfurt/Main. She has also appeared frequently on West German television and has six films to her credit. In one of them, *Entziehung* (1973), she appears in the main role.

Wohmann is especially known for her short stories collected in two volumes entitled *Ausgewählte Erzählungen aus zwanzig Jahren,* Band I und Band II, 1979. She has also written novels (*Jetzt und nie,* 1958; *Abschied für länger,* 1965; *Ernste Absicht,* 1970; *Ach wie gut, daß niemand weiß,* 1980), as well as radio and television plays (*Hei-ratskandidaten. Ein Fernsehspiel und drei Hörspiele,* 1978). In 1971 she was awarded the prestigious „Bremer Literaturpreis". Other prizes include: „Funkerzählungspreis des Süddeutschen Rundfunks" (1965), „Kurzgeschichten-Preis der Stadt Neheim-Hüsten" (1969) and the „Verdienstkreuz 1. Klasse des Verdienstordens der Bundesrepublik Deutschland" (1980).

Evas Besuch, written in 1962, depicts the discomfort and pain one experiences when trying to maintain the outward appearances of a relationship that has long since ceased to be meaningful and intimate. This dilemma is intensified by the narrator's reluctance to seek or accept sympathy during a family crisis.

Evas Besuch

Mittwoch nacht. Gestern abend ist Eva angekommen. Ich habe sie an der °Bahn abgeholt, sie wird vier oder fünf Tage bleiben, ich nehme an, daß sie sogar einen sechsten Tag °zugibt. Ich habe sie diesmal im Hotel untergebracht. Heute vormittag waren wir nicht zusammen. Nachmit-
5 tags besuchte ich Eva im Hotel, ich °meide tagsüber meine Wohnung, wegen Rudolf. Morgen wollen wir zusammen durch die Stadt gehen. Eva nennt das °„bummeln", ich aber °stoße mich immer noch ein wenig an dieser Ausdrucksweise, die mein Mann °abgelehnt und als °schnodd-rig bezeichnet hat. Ich freue mich auf morgen, doch, das ist wahr, trotz-
10 dem kann ich mir ein gewisses °Unbehagen nicht °ausreden und ich kenne das: °so ergeht es mir jeweils mit Verwirklichungen. Ich habe auch °seinerzeit meinen Mann damit °gereizt, und nicht nur ihn. Für mich selbst ist es am °lästigsten. Aber ich habe mich sehr auf Evas

die Bahn, -en *(train) track, railway*
zu|geben, (i), a, e *to admit, here: to add*
meiden, ie, ie *to avoid*
bummeln *to stroll*
sich stoßen, (ö), ie, o an *(+ dat.) to take offense at*
ab|lehnen *to refuse, here: to reject*
schnoddrig *snooty*
das Unbehagen *uneasiness*
sich *(dat.)* etwas aus|reden *to talk oneself out of something*
so ergeht es mir jeweils mit Verwirklichungen *that is the way it always seems to turn out for me*
seinerzeit *at that time*
reizen *to irritate*
lästig *tedious, annoying*

37

Besuch gefreut und halte daran fest, daß es nett ist, sie hier zu haben.
15 °Seither °war sie dran mit Erzählen. Sie hat auch °ausgiebigen Gebrauch
von diesem Gastrecht gemacht. Mich hat es nicht gelangweilt, es tat
sogar recht gut, in ihre Welt – aber ich bin nicht in sie °eingedrungen,
das ist nicht wahr, und ich habe es nicht vergessen, keinen °Augenblick.
Es ist mir nicht möglich, und dies gilt für die ganze Dauer von Evas
20 Besuch, das zu vergessen, was sich sowieso °höchstens °zurückdrängen
läßt. °Dennoch werden °wir's nett miteinander haben. Ich denke an zwei
Filme, die ich auch ohne Eva angesehen hätte, nun aber wird es – wie
wird es nun sein? Wird es einen Sinn haben, daß Eva – ich meine, werde
ich mit ihrer Hilfe Rudolf – Rudolf ist mein Sohn.

25 Donnerstag nacht. Ich habe nun doch wieder °fest vor, Eva die Sache zu
erzählen. °Ich bin an der Reihe. Ich werde es ihr sagen. Ich darf es aber
nicht in der Weise tun, die °Mitleid erregt – was °bilde ich mir ein:
Mitleid wird sich °auf keinen Fall °vermeiden lassen. Aber beim °gering-
sten °Verdacht, dieses Mitleid habe mit °Geringschätzung zu tun, werde
30 ich – was werde ich. Ich höre sie zu ihren Freundinnen sagen: Wißt ihr,
das konnte ja nur ihr passieren, °beziehungsweise ihrem Rudölf-
chen . . . Wie rede ich da über Eva, es ist nicht °gerecht. Doch glaube
ich, daß sie °von vornherein gegen Rudolf war, sie fand ihn wohl schon
immer ein wenig lächerlich – wenn ich nicht °irre. Sie hat ihre leichte
35 °Verachtung, °übrigens lediglich des Namens Rudolf, ganz früher einmal
°zu erkennen gegeben. Rudolf ist jetzt neuneinhalb. Eva wird sagen:
Wie bitte? In seinem Alter schon! Das ist ja schrecklich! Eva hat mir
heute abend viel von ihren Kindern erzählt. Sie hat zwei Söhne und eine
Tochter. Wenn sie Negatives über sie sagt, °kommt es mir immer so vor,
40 als sage sie es °mir zuliebe. Jeder weiß, daß gegen ihre Kinder nichts
°einzuwenden ist. Ihre lächerlichen °Ungezogenheiten werden mich sehr
°quälen, wenn Eva mir °im Verlauf ihres weiteren °Aufenthalts mehr
davon erzählen wird. Aber es soll nicht dazu kommen, ich selber werde
sprechen.

45 Freitag nacht. Bei meiner Rückkehr von einem langen Tag mit Eva war
Rudolf noch wach, aber nicht mehr auf. Kurz nach vierundzwanzig Uhr.
Auf der °Kommode unterm Spiegel lag Rudolfs °Gedichtchen, ich kann
sie ihm nicht °abgewöhnen und finde sie °nach wie vor dort an ihrem
°angestammten Platz, wenn ich zu Stunden, in denen Rudolf schon im
50 Bett liegt, nach Hause komme. Ich finde sie auch noch seit einer Woche,
als wäre nicht – als hätte er nicht – Aber die Schrift ist etwas schlechter
geworden, °allerdings kaum, es erstaunt mich, fast °vermute ich, Eva
würde mir °anhand des heutigen kleinen °Vierzeilers nicht glauben,
wenn ich ihr nun doch erzählte – Ich will °mich kurz fassen: heute war
55 keine Gelegenheit, es Eva zu sagen. Ich kann mir schließlich nicht °her-
ausnehmen, ihr diesen Aufenthalt zu °verderben, indem ich – Der Name
Rudolf °fiel heute, auch heute, kein einziges Mal, wenn ich mich recht
erinnere.

Samstag abend. Eva hat früher abreisen müssen als geplant. Ein telegra-
60 fisch °mitgeteilter Besuch, oder eins der Kinder kränklich, ich habe es
°uns erspart, genau hinzuhören. Trotzdem, es war eine nette Zeit, wenn

seither *since then*
ich bin dran *(coll.) it's my turn*
ausgiebigen Gebrauch machen von *to make full use of*
ein|dringen*, a, u in *(+ acc.) to penetrate, to enter into*
der Augenblick *moment*
höchstens *at most*
zurück|drängen *to push back, to repress*
dennoch *nevertheless*
wir's = wir es

(etwas) fest vor|haben *to have firmly in mind, to fully intend*
Ich bin an der Reihe = Ich bin dran
(das) Mitleid erregen *to cause pity*
sich *(dat.)* ein|bilden *to imagine, to fancy*
auf keinen Fall *in no case*
vermeiden, ie, ie *to avoid*
gering *slight*
der Verdacht *suspicion*
die Geringschätzung *disdain, contempt*
beziehungsweise *that is*
gerecht *just, fair*
von vornherein *right from the start*
irren *to err, to be mistaken*
die Verachtung *contempt*
übrigens lediglich des Namens *by the way only for the name*
zu erkennen geben, (i), a, e *to let be known*
es kommt mir vor als *it seems to me as if*
mir (dir, ihm, etc.) zuliebe *for my sake*
(etwas) ein|wenden, a, a gegen *to object to*
die Ungezogenheit, -en *naughtiness*
quälen *to vex*
im Verlauf *(+ gen.) during the course of*
der Aufenthalt, -e *the stay, sojourn*

die Kommode, -n *bureau, chest of drawers*
das Gedicht, -e *poem*
(jemandem etwas) ab|gewöhnen *to get someone out of the habit*
nach wie vor *as usual*
angestammt *here: customary*
allerdings kaum *but only slightly*
vermuten *to presume, to suspect*
anhand *(+ gen.) on the basis of*
der Vierzeiler *four-line poem*
sich kurz fassen *to be brief*
sich *(dat.)* heraus|nehmen, (i), a, o *to afford, to allow oneself*
verderben, (i), a, o *to spoil*
fallen* (ä), ie, a *here: to be mentioned*
mit|teilen *to notify, to announce*
sich *(dat.)* ersparen *to spare oneself*

auch kurz. Auch heute habe ich Eva nicht zu mir °herausgebeten und °Vergnügungen im Stadtinnern °vorgeschlagen, ihr Zug ging am späten Nachmittag. Am Bahnhof hat Eva gesagt: Du hast gar nicht genug von
55 dir erzählt. Ich hätte gern mehr gehört. Nicht genug? Mehr? Woran erinnerte Eva sich, an welche Erzählungen, da sie mehr °verlangte? Denn dies glaube ich zu wissen: ich habe °überhaupt nichts von mir erzählt. Sie sagte: Aber das ist schließlich ein gutes °Zeichen, wer keine Sorgen hat, braucht auch keine Freundin °zum Ausquatschen. Sie gab
70 mir dann zu verstehen, fast °beneide sie mich, die °Witwe, ich solle es ihr nicht °übelnehmen, °sie sei nun einmal unverblümt, und ich könne ihr °ruhig glauben, mit einem Mann als °Familienoberhaupt sei °keineswegs alles einfacher, im Gegenteil. Ich habe ihr recht gegeben, denn seit das anfing mit Rudolf und seit es nun so weit gekommen ist mit ihm, teile ich
75 ihre Meinung, wenn sie mich selber auch °befremdet. Ich glaube wohl nicht recht an das geteilte °Leid, das leichter zu tragen sein soll. Ich finde wohl, aus diesem °Kummer sollten so viele °Beteiligte °wie irgend möglich herausgehalten werden. Deshalb habe ich auch meinem nochmaligen Wunsch, Eva alles zu sagen, während der Abschiedsminuten nicht
80 °stattgegeben, obwohl Eva – Ich habe °bereits °erwähnt, daß ich mich vor einer bestimmten Art Mitleid °fürchte. Dennoch war in diesen letzten Augenblicken das °Bedürfnis, mich zu °äußern, noch einmal °erheblich, ich weiß nicht warum. Nun, °kurzum: ich °gebe ihm nicht nach und °werfe Eva kein °Versäumnis vor. Hat sie nicht, vom Abteilfenster her-
85 unter, mir einen Gruß an Rudolf zugerufen? Doch wohl nicht, aber wenn ich mich nicht irre, hat sie gestern abend oder auch vorgestern abend irgendwas im Zusammenhang mit Rudolf °angedeutet, nein, es °handelte sich um einen ihrer Söhne, ich glaube wohl. Zurück zur Sache: Eva, es kann nicht °geleugnet werden, gab mir, vom Zug aus, zwei nicht
90 übersehbare Chancen. Die erste: Sie sei nun keinmal bei mir zu Haus gewesen, wisse gar nicht mehr, wie ich eigentlich eingerichtet sei, antik, wenn sie sich recht erinnere, oder nicht ganz im Gegenteil °überaus modern? Die zweite: – Ich habe sie vergessen, °seltsam. Doch bin ich
95 sicher, zwei Chancen gehabt zu haben, und °ergriff keine. Weil – ich wollte diesem Besuch keinen °beschmutzenden °Abschluß geben. Es war so nett, ich selber war vergnügt, Evas °munteres Gesicht, ich fühlte mich selber so –.

Es ist nicht wahr. Evas Zug fuhr mit Eva ab. °Ein vom Winken bewimpelter Zug und auch Eva winkte mir oder den Leuten hinter mir. Ich war
00 froh, aber froh ist nicht das Wort. Ich bin den langen Weg zu Fuß gegangen, zurück, nach Haus, um es pathetisch zu sagen: in mein verleugnetes Leben. Auf der Kommode fand ich ein vielleicht etwas schlechter als am Freitag geschriebenes Gedichtchen aus der °eigensinnig am Schreiben festhaltenden Hand meines Sohnes Rudolf, der seit
105 einer Woche blind ist.

heraus|bitten, a, e *to invite (out of town)*
die Vergnügung, -en *pleasure, amusement*
vor|schlagen, (ä), u, a *to suggest*
verlangen *to ask for, to demand*
überhaupt nichts *nothing at all*
das Zeichen, - *sign*
sich aus|quatschen *(coll.) to get something off one's chest*
beneiden *to envy*
die Witwe, -n *widow*
(jemandem etwas) übel|nehmen, (i), a, o *to take amiss*
sie sei nun einmal unverblümt *she is, after all, straightforward*
ruhig *(coll.) it will be alright to*
das Familienoberhaupt, ⸗er *head of the family*
keineswegs *in no way*
befremden *to appear strange to*
das Leid *sorrow*
der Kummer *grief, worry*
der Beteiligte, -n *party concerned*
wie irgend möglich *as possible*
statt|geben, (i), a, e (+ dat.) *to grant, to give in to*
bereits *already*
erwähnen *to mention*
sich fürchten vor (+ dat.) *to be afraid of*
das Bedürfnis, -se *need*
sich äußern *to utter, to express*
erheblich *considerable*
kurzum *to be brief*
nach|geben, (i), a, e (+ dat.) *to give in*
(jemandem etwas) vor|werfen, (i), a, o *to reproach*
das Versäumnis, -se *neglect*
an|deuten *to hint at*
sich handeln um *to deal with*
leugnen = verleugnen *to deny*
überaus *extremely*
seltsam *strange*
ergreifen, i, i *to seize*
beschmutzen *to soil, here: to spoil*
der Abschluß, ⸗sse *end*
munter *cheerful*
ein vom Winken bewimpelter Zug: *a train with many waving handkerchiefs*
eigensinnig *stubbornly, obstinately*

Fragen zum Inhalt

1. Warum geht die Erzählerin der Geschichte an die Bahn?
2. Wie lange wird Eva bleiben, und wo wird sie für die Zeit ihres Besuches wohnen?
3. Wie denkt die Erzählerin über Evas Besuch? Freut sie sich wirklich?
4. Von welchem Gastrecht macht Eva ausgiebigen Gebrauch?
5. Warum kann die Erzählerin nicht voll in Evas Welt eindringen?
6. Wer ist Rudolf? Wie alt ist er?
7. Weshalb spricht die Erzählerin nicht über Rudolf? (Gibt es mehr als einen Grund?)
8. Was denkt Rudolfs Mutter von Evas Kindern, und warum will sie dieses Thema lieber vermeiden?
9. Was findet Rudolfs Mutter, als sie Freitag nacht nach Hause kommt, und was fällt ihr auf?
10. Warum endet Evas Besuch früher als geplant?
11. Wo haben sich die zwei Frauen während dieses Besuchs gewöhnlich getroffen?
12. Weshalb ist Eva nie zu Rudolfs Mutter herausgekommen?
13. Warum ist es nicht richtig, wenn Eva bei der Abfahrt sagt, daß die Freundin nicht genug von sich erzählt hat?
14. Wie interpretiert Eva ihre Äußerung?
15. Warum sagt Eva, daß sie die Freundin fast beneidet?
16. Weshalb hat die Erzählerin ihrem Wunsch, Eva alles zu sagen, auch in den Abschiedsminuten nicht stattgegeben?
17. Was ist die Erklärung für das seltsame Verhalten der Mutter?

Übungen

I. Sagen Sie „richtig" oder „falsch"! Halten Sie sich an den Inhalt der Geschichte!

1. Eva ist mit dem Zug gekommen.
2. Sie wohnt bei ihrer Freundin.
3. Sie will nur ein paar Tage bleiben.
4. Die beiden Frauen sprechen über Rudolf.
5. Rudolf ist Evas Sohn.
6. Eva hat Rudolf schon immer sehr gern.
7. Eva erzählt viel von ihrer Familie.
8. Während Eva erzählt, vergißt Rudolfs Mutter ihre Sorgen.
9. Rudolf schreibt kleine Gedichte.
10. Seine Schrift ist viel besser geworden.
11. Eva muß früher abreisen als geplant.
12. Während des kurzen Besuches ist sie nie in der Wohnung der Freundin gewesen.
13. Eva glaubt, daß die Freundin keine Sorgen hat.
14. Eva hat Rudolfs Mutter keine Chance gegeben, über sich und ihren Sohn zu sprechen.
15. Die Erzählerin will ihr Leid alleine tragen.

II. Wie heißt das Antonym?

1. vergnügt
2. vergessen
3. negativ
4. liegen
5. abfahren
6. kompliziert
7. antik
8. auf *keinen* Fall

III. Ordnen Sie die Wörter in A und B sinngemäß einander zu!

A
1. nach wie vor
2. lediglich
3. tagsüber
4. deshalb
5. seither
6. von vornherein
7. überhaupt nichts
8. überaus
9. keinmal
10. dennoch

B
a) während des Tages
b) seit dieser Zeit
c) noch immer
d) gar nichts
e) trotzdem
f) sehr
g) deswegen
h) gleich zu Anfang
i) nie
j) nur

IV. Drücken Sie die folgenden Sätze etwas anders aus! Wählen Sie die Synonyme aus der folgenden Liste:

der Moment; das Ende; glauben; planen; recht haben; an der Reihe sein; wollen; scheinen; wie möglich; möbliert; höchstens; Angst haben

Beispiel: Ich *tue* es nur dir zuliebe. Ich *mache* es nur dir zuliebe.

1. *Ich nehme an,* daß Eva noch einen Tag zugibt.
2. Jetzt *war sie dran.*
3. Er hat keinen *Augenblick* Zeit.
4. Ich *habe vor,* dich zu besuchen.
5. Wenn ich *nicht irre,* lebt er jetzt in München.
6. *Es kommt mir vor,* als wäre sie nicht glücklich.
7. Sie *verlangte* mehr von mir.
8. Ich *fürchte mich* davor.
9. Das Zimmer ist antik *eingerichtet.*
10. Das war kein schöner *Abschluß.*
11. Mach es, so gut *du kannst!*
12. Ist er wirklich Multimillionär? Nein, er hat, *wenn es hochkommt,* eine halbe Million.

V. Was paßt am besten?

1. Wenn man seine Wohnung meidet, bleibt man
    a) im Bett.
    b) zu Hause.
    c) weg.
    d) alleine.

2. Eine Witwe ist eine Frau,
    a) deren Mann tot ist.
    b) die seit einiger Zeit von ihrem Mann getrennt ist.
    c) die nie geheiratet hat.
    d) die nur Söhne und keine Töchter hat.

3. Kinder, die sich schlecht benehmen, sind
    a) lächerlich.
    b) ungezogen.
    c) schnoddrig.
    d) munter.

4. Ein Vierzeiler ist
    a) ein Wagen, der Platz für vier Personen hat.
    b) eine Kommode mit vier Schubladen.
    c) ein kurzes Gedicht.
    d) noch ein Wort für Unbehagen.

5. Die Mutter versucht, ihrem Sohn eine schlechte Gewohnheit
   a) mitzuteilen.
   b) vorzuschlagen.
   c) abzugewöhnen.
   d) nicht übelzunehmen.

6. Gewöhnlich stößt man sich an
   a) gutem Benehmen.
   b) schlechtem Benehmen.
   c) seltsamem Benehmen.
   d) vorzüglichem Benehmen.

7. Manche Gäste werden im Hotel
   a) übernachtet.
   b) geschlafen.
   c) eingerichtet.
   d) untergebracht.

8. Wenn man gelangweilt ist,
   a) verspürt man große Lust, etwas zu tun.
   b) hat man großen Erfolg im Geschäft gehabt.
   c) hat man das Interesse an einer Sache verloren.
   d) ist man endlich angekommen.

9. Das Familienoberhaupt ist gewöhnlich
   a) das Zimmermädchen.
   b) der Onkel.
   c) das Kind.
   d) der Vater.

10. Wenn man bummeln geht,
   a) reist man ab.
   b) geht man gemütlich die Geschäftsstraßen entlang.
   c) faßt man sich kurz.
   d) rast man durch das Kaufhaus.

Themen zur Diskussion und schriftlichen Beantwortung

1. Hat die Erzählerin Eva eingeladen? Was glauben Sie?
2. Warum bringt Rudolfs Mutter Eva wohl im Hotel unter?
*3. Beschreiben Sie die Freundschaft der beiden Frauen!
4. Was hindert die Erzählerin daran, mit der Freundin über ihren Sohn zu sprechen?
*5. Charakterisieren Sie a) Eva; b) Rudolfs Mutter! Geben Sie Beispiele aus dem Text!
6. Wie stellen Sie sich Rudolf vor?
*7. Welche Einstellung hat die Erzählerin zu dem Mitleid anderer Menschen?
8. Wie ist das Dilemma der Mutter in dem Stil dieser Erzählung widergespiegelt?

Esther Knorr-Anders

Esther Knorr-Anders was born in 1931 in Königsberg, the former capital city of East Prussia and the region alluded to in *Östlich von Insterburg*. She is the author of short stories, radio plays and various prose works, including *Blauer Vogel Bar* (1970), *Gesang der Kinder im Feuerofen* (1972), *Die Falle. Frau Models Haus am Wasser* (1978) and a novel *Jakob und Darja* (1977). Knorr-Anders received the *Erzählerpreis des Ostdeutschen Kulturrats* (1972) and currently resides in Wiesbaden, West Germany.

Östlich von Insterburg was taken from a collection of short stories by the same name and first appeared in 1979. In this story two women, displaced from their native homeland in the East, meet by sheer coincidence in their new surroundings. Their common background brings about reminiscences on the part of the narrator and an interest and desire to examine her memories of the past in light of her present situation.

Östlich von Insterburg

Sie heißt Frau Klupper . . .

Seit Freitag wohne ich im Haus gegenüber dem °Kurpark. Das Haus steht °unter Denkmalschutz. Es ist ein °ehemaliges Hotel. Ein Doppelhaus. Achtzehn °Mietparteien wollen hier bleiben, bis sie sterben. Eine
5 Partei bin ich.

Um die Mittagszeit trete ich auf den Balkon. Er ist 27 Meter lang. Es wäre nicht °ausgeschlossen, °ein Pferd zu halten oder °Spargelkulturen anzulegen. Das Haus ist von Bäumen °umgeben. °Zedern. °Eschen. °Ulmen. Im Kurpark °schnattern °Enten. Auf dem Privatweg, der zum
10 Haus heraufführt – benutzbar für °Anlieger und deren Gäste – ist niemand zu sehen. Von den siebzehn Mietern kenne ich nur Maria Greber. Maria kannte ich schon früher. Schon vor dem °Umzug.

Das °dickbauchige Haus °schirmt seine Bewohner ab. Es läßt sie ungestört. Das °Laster ist vor Indiskretion °sicher wie die Liebe oder andere
15 Künste. In diesem Haus ist alles möglich.

der Kurpark, -s *park in health spa*
unter Denkmalschutz *under landmark protection*
ehemalig *former*
die Mietpartei, -en *tenant*
ausgeschlossen *out of the question*
ein Pferd halten, (ä), ie, a *to keep a horse*
Spargelkulturen an|legen *to plant asparagus*
umgeben von *surrounded by*
die Zeder, -n *cedar tree*
die Esche, -n *ash tree*
die Ulme, -n *elm tree*
schnattern *to cackle*
die Ente, -n *duck*
der Anlieger, - *neighbor*
der Umzug, ⸗e *move*
dickbauchig *pot-bellied*
ab|schirmen *to shield*
das Laster, - *vice*
sicher sein vor (+ dat.) *to be safe from*

43

Ich nehme den °Müllbeutel. °Klappe die Tür zu. Ich steige die Treppe hinunter. Die Treppe ist aus °Marmor. Die °Trägersäulen °ebenfalls. Es ist kühl. Ich gehe zu den °Briefkästen. Bleibe stehen. Ich lese die Namen. Gärstinger. Hofmeier. Winter. Undsoweiter. Undsoweiter.
20 Achtzehn Kästen. Achtzehn Namen. Rechts unten heißt jemand Klupper. KLUPPER.

Ich spreche den Namen vor mich hin. Ich °verwandle ihn. Klopper. Klepper. Klipper. Es bleibt bei Klupper. So steht es auf dem °Zettel. Und der Zettel ist es, der °auffällt. Nicht der Name. Der Zettel ist
25 °angegraut. Mitten auf den Briefkasten °geklebt. Das „K" ist mit °Vorschleife geschrieben. °Mehrmals eingerollt. °Schmucklos folgen die °übrigen °Buchstaben.

KLUPPER. °Unwillkürlich blicke ich zur °Parterrewohnung. Auch dort der Zettel. Das „K" mit Schleife. Sekundenlang erschrecke ich. Die Tür
30 steht °einen Spalt breit offen. Der Schlüssel °steckt. Ich hebe meinen Müllbeutel auf. Ich finde mich °reichlich nervös.

Ich verlasse das Haus. Die Sonne blendet. Ein Herbsttag, fast aus Gold. Ich warte, bis sich meine Augen an das Licht gewöhnt haben. Dann °schlendere ich, an den Fenstern der Klupperschen Wohnung vorbei,
35 zum Müllplatz.

Ein gutes Stück vor mir geht eine alte Frau. Sie trägt einen Plastikbeutel, wie ich. Ich verlangsame die °Schritte. Ich möchte die Frau nicht °einholen. Warum ich sie nicht einholen möchte, weiß ich nicht. °Gleich darauf denke ich, daß es Frau Klupper sein müßte. Die Tür stand offen.
40 Der Schlüssel steckte. Ein Mensch, den °schmuddelige Zettel nicht stören, der das „K" mit Schleife malt, könnte so aussehen. So allein.

Die Frau hat den Müllplatz erreicht. Sie drückt den °Tonnendeckel hoch. °Guckt nach rechts. Nach links. Sie schaut zu den Fenstern hinauf. Zögert. Zögert noch immer. Sie läßt den Beutel in die Tonne fallen. Der
45 Deckel schlägt zu. Und jetzt sieht sie mich . . .

Über weite °Entfernungen grüßt man am °sichtbarsten mit der Hand. Ich tue es. Die Frau °erwidert den Gruß nicht. Sie °wischt die Finger an der °Kittelschürze ab.

Etwas irritiert sie.

50 Etwas irritiert mich. Wir gehen aufeinander zu. °Ausweichen können wir nicht. Ich grüße noch einmal. Die Frau mustert mich.

„Ich bin Frau Klupper", sagt sie.

Ich nicke. Ich müßte ihr meinen Namen nennen. Erklären, daß ich hier wohne. Noch nicht lange. Doch höchstwahrscheinlich für immer.
55 „Ich bin Frau Klupper", wiederholt sie. Und geht. Frau KLUPPER.

Ich wollte mich ihr °bekanntmachen. Es °gelang nicht. Da ließ sie mich stehen. Ich bin sicher, daß ich °unangenehm auf sie °wirkte. Ihr Blick war mißtrauisch. °Abwägend. °Besteckkästen habe ich nicht gestohlen,

---

der Müllbeutel, - *garbage bag*
zu|klappen *to shut, to close*
der Marmor *marble*
die Trägersäule, -n *support column*
ebenfalls *likewise*
der Briefkasten, ⸚ *mailbox*

verwandeln *to change, to transform*
der Zettel, - *piece of paper*
auf|fallen*, (ä), ie, a *to stand out, to draw attention*
angegraut *with a streak of grey*
kleben *to paste, to stick*
die Vorschleife, -n *initial loop*
mehrmals eingerollt *with several loopings*
schmucklos *unadorned*
übrig *remaining*
der Buchstabe, -n *letter*
unwillkürlich *instinctively*
das Parterre *ground floor*
einen Spalt breit *here: slightly (lit.: a crack's width)*
stecken *here: to be in the door*
reichlich nervös *rather nervous*
vorbei|schlendern* an (+ dat) *to saunter along*
der Schritt, -e *step*
ein|holen *to catch up to*
gleich darauf *soon thereafter*

schmuddelig *slightly smudgy*

der Tonnendeckel, - *garbage pail lid*
gucken = schauen, blicken *to look*

die Entfernung, -en *distance*
sichtbar *visible*
erwidern *to reply; here: to return (a greeting)*
ab|wischen *to wipe off*
die Kittelschürze, -n *smock*
aus|weichen*, i, i *to sidestep, to evade*

sich bekannt|machen (+ dat.) *to introduce oneself, to make oneself known*
gelingen*, a, u (+ dat.) *to succeed (es gelingt mir, dir etc.)*
unangenehm *unpleasant*
wirken auf (+ acc.) *to have an effect upon*
abwägend *pondering*
der Besteckkasten, ⸚ *silver chest*

44

keiner alten Frau die Handtasche vom Arm °gerissen. Warum antwor-   reißen, i, i *to tear away, to snatch*
50 tete ich nicht? Sie irritierte mich.

Sie heißt Frau KLUPPER.

Wie sie, °drücke ich den Deckel hoch. Lasse meinen Beutel in die Tonne   hoch|drücken *to push up; here: to lift up*
fallen. Ich °stocke. Einen Augenblick lang denke ich, daß Frau Klupper   stocken *to stop short*
von ihren Fenstern aus mich sehen kann. Trotzdem °rühre ich mich   sich rühren *to stir, to move*
55 nicht. Frau Kluppers Beutel hat sich geöffnet. Er enthält frisch gekochte   dampfen *to steam*
Kartoffeln. Sie °dampften noch. Drei Pfund. Fünf Pfund. Frau Klupper   die Reisegesellschaft, -en *tour company, tour group*
muß für eine Großfamilie kochen. Für eine °Reisegesellschaft. Wenn
soviel Rest bleibt . . . Die dampfenden Kartoffeln sind °sonderbar anzu-   sonderbar *strange, peculiar*
sehen.

70 Ich blicke zu Frau Kluppers Fenstern. An einem °bewegt sich die °Gar-   sich bewegen *to move*
dine.   die Gardine, -n *curtain*

Ich beeile mich, ins Haus zu kommen. Laufe die Treppe hinauf. Die
Kühle tut wohl. Sehr wohl. Das macht der Marmor.

Sie heißt Frau KLUPPER.

75 Vor meiner Tür wartet Maria Greber.

„Ich wollte eine Zigarette bei Ihnen rauchen. Haben Sie Zeit?"

„Kommen Sie rein."

Wir setzen uns auf den Balkon. Der Privatweg ist menschenleer geblie-
ben. Ich °beuge mich über das °Geländer. Am Müllplatz steht niemand.   sich beugen über *(+ acc.) to bend over*
80 Es beruhigt mich.   das Geländer, - *railing*

„Was ist los?" fragt Maria. „Hat man Ihnen °auf die Galle gespuckt?"   auf die Galle spucken *(coll.) to get one's goat, to upset*

Sie trägt eine braune °Kutte, bis überm Knie °geschlitzt. Um den Kopf   die Kutte, -n *cowl*
eine °Mantille. In diesem Haus ist alles möglich.   geschlitzt *split*
   die Mantille, -n *veil, mantilla*

„Wer ist Frau Klupper?" frage ich.

85 „Frau Klupper? Sind Sie ihr begegnet? Hat sie Ihnen von ihren Kindern
erzählt? Dann sind Sie in ihr Herz eingegangen. Frau Klupper ist der
°Eierkuchen des Hauses. Bohnensuppe. °Nudelauflauf. Wir nennen sie   der Eierkuchen, - *pancake*
DIE °MAHLZEIT. Jeden Samstag kommen ihre Kinder zu Besuch.   der Nudelauflauf, ̈e *noodle soufflé*
Zum Essen. Wahre Wunderkinder müssen es sein. °Tüchtig. °Erfolg-   die Mahlzeit, -en *meal*
   tüchtig *efficient, industrious*
90 reich. Schön. Noch vor dem Frühstück fängt sie zu kochen an. Es riecht   erfolgreich *successful*
bis zu den Mansarden. Sie kocht unmögliche °Gerichte. Mit unmögli-   das Gericht, -e *here: dish*
chen Namen. °Fleck. Und °Schmand. Und °Borschtsch. Übrigens ist sie   Fleck, Schmand, Borschtsch: *Eastern European dishes*
auch von dort, wo Sie her sind. Aus halb Rußland. Aus dem °Sumpfge-   das Sumpfgebiet, -e *swamp*
biet. °Masuren mit den Dünen. Sie erzählt oft von einem Fluß, in dem   Masuren: *the southern part of East Prussia*
95 sie badete. Ein °übelriechender Name. Man meint, man muß °dringend   übel *bad, badly*
zur Toilette."   dringend *urgently*

„Es wird die Pissa sein. 109 Kilometer lang. Sie fließt östlich von Inster-
burg in die Angerapp", antworte ich. Und °wundere mich. Ich hätte   sich wundern *to be surprised*
°geschworen, es vergessen zu haben – dies °Kicherstück aller Schüler.   schwören, o, o *to swear*
   das Kicherstück, -e *funny little saying*

00 „Wieviel Kinder hat Frau Klupper?" frage ich.

„DIE MAHLZEIT? Wieviel Kinder? Ich glaube, das weiß keiner. Ich habe die Kinder noch nie gesehen. In dieses Haus kommen täglich Besucher. Viele. Sie wird eine °Menge Kinder haben. Fünfzehn oder achtzehn. Ihr habt doch so viele Kinder. °Ihr von dahinten.“

die Menge, -n *quantity*
ihr von dahinten *you people from back there (meaning East Prussia)*

105 Im Kurpark schnattern Enten. Ein °Windstoß rüttelt die Äste.

der Windstoß, ⸗e *blast of wind*

„Fünfzehn bis achtzehn Kinder! Maria, ich bitte Sie. Werden Sie nicht unappetitlich.“

„Also gut. Fünf bis acht. Aber soviel bestimmt. Sie muß phantastisch kochen können. Dem °Geruch nach. Achten Sie mal darauf. Manchmal
110 bietet sie einem eine °Kostprobe an. Wenn man gerade vorbeikommt und etwas °übriggeblieben ist. Ihnen °häuft sie den °Teller voll. Schon weil Sie aus . . .“

der Geruch, ⸗e *smell, aroma*
die Kostprobe, -n *taste*
übrig|bleiben*, ie, ie *to be left over*
voll|häufen *to fill up*
der Teller, - *plate*

„. . . halb Rußland sind. Aus dem Sumpfgebiet. Masuren mit den Dünen.“

115 Maria lacht. Ich lache auch. Sie °wirft mir eine Kußhand zu. °Wirbelt aus der Wohnung. In diesem Haus ist alles möglich.

jemandem eine Kußhand zu|werfen, (i), a, o *to throw someone a kiss*
wirbeln *to whirl, to spin*

Noch einmal beuge ich mich über das Geländer. Blicke zum Müllplatz. Kein Mensch weit und breit.

Sie heißt Frau KLUPPER. Man nennt sie DIE MAHLZEIT. Die Pissa
120 ist 109 Kilometer lang. Östlich von Insterburg fließt sie in die Angerapp. Der Geruch °zieht durch das Haus. Erst war er °schwach wahrnehmbar. Gegen elf Uhr wurde er °eindringlich. Heute müssen Frau Kluppers Kinder kommen. Fünfzehn bis achtzehn. Es ist ein fröhlicher Geruch. Ich kann es nicht anders ausdrücken.

ziehen*, o, o *here: to travel*
schwach wahrnehmbar *hardly perceptible*
eindringlich *penetrating*

125 Was könnte Frau Klupper kochen? Was riecht so, daß der °Magen lacht? Fleck? Borschtsch? Ich kenne die Gerichte nicht. Habe sie nie gegessen. Kann sie nicht auf den Tisch bringen. Nur eine Suppe blieb mir in Erinnerung. Eine rote Suppe, die über den Teller °schwappte.

der Magen, ⸗ *stomach*

schwappen über *(+ acc.) to spill over*

War das Borschtsch?

130 Hoffentlich. Aber ja. Was soll es sonst gewesen sein? Frau Klupper kocht Borschtsch. Borschtsch aus halb Rußland, aus dem Sumpfgebiet, wo Masuren zwischen Dünen liegt. Ich lache laut. Ich werde von Sekunde zu Sekunde lustiger. Ich °schnappe über. Ich freue mich über den Borschtsch. Freue mich, als wäre ich Frau Kluppers Kind. Eins von
135 den fünfzehn bis achtzehn. Um wieviel Uhr essen sie? Um zwölf? Halb eins? Mir ist, als warte ich nicht allein, als warteten mit mir die °Klingel, der °Fußabstreifer, Messer, Gabel, Teller und sechzehn Mietparteien auf Frau Kluppers Kinder.

über|schnappen* *to go crazy*

die Klingel, -n *bell*
der Fußabstreifer, - *doormat*

DIE MAHLZEIT wird sie genannt.

140 Es ist Viertel vor zwölf. Nach und nach müßten Frau Kluppers Kinder kommen.

Ich lasse den Privatweg nicht aus den Augen. Bis jetzt ist weder ein Fußgänger zu sehen noch fahren Autos herauf. Möglich, daß sie später essen.

Es ist Viertel nach eins. Allmählich werde ich °wütend. Frau Kluppers Kinder könnten pünktlich sein. Aber vielleicht wissen sie gar nicht, wie schwierig es ist, Borschtsch zu kochen und warm zu halten. Ich weiß es auch nicht.

Es ist Viertel nach zwei. Den Privatweg herauf kamen der Briefträger, ein °Telegrammbote und Maria Greber mit Einkaufstaschen. °Ferner drei Damen und ein Herr im gleichen Alter wie Frau Klupper. Es konnten nicht ihre Kinder sein. Ich habe den Balkon nur für Minuten verlassen. Habe hier Briefe geschrieben, zu Mittag gegessen. Ich hätte Frau Kluppers Kinder sehen müssen. Jetzt trinke ich Kaffee. Der Kaffee schmeckt nicht. Nicht °wie sonst. Schon gar nicht wie heute früh, als der Borschtsch durch das Haus zu °duften begann.

Unten °klappt die Haustür. Jemand wird einen Spaziergang machen. Ein Gast aus dem Haus gehen. Irgend jemand wird irgend etwas tun.

Nein, nicht irgend jemand. Es ist Frau Klupper. Sie wandert zum Müllplatz. Sie trägt eine °Plastiktüte. Aus der Tüte dampft es. Frau Klupper nimmt sie in die andere Hand. Ich °greife ans Balkongeländer. Es scheint °nachzugeben. Nein. Es hält.

DIE MAHLZEIT wird sie genannt.

Frau Klupper hat die Mülltonne erreicht. Sie drückt den Deckel hoch. Guckt nach rechts. Nach links. Sie schaut zu den Fenstern hinauf. Zögert. Noch immer. Sie läßt die Tüte in die Tonne fallen. Der Deckel schlägt zu.

Jetzt sieht sie mich. Ich °weiche zurück. Doch sie hat mich gesehen. Muß mich gesehen haben.

„109 Kilometer ist die Pissa lang. Sie fließt in die Angerapp", flüstere ich.

Ich °stürze aus der Wohnung. Renne die Treppe hinunter. Ich will zu Frau Klupper. Ich muß ihr ein paar Worte sagen. Gute Worte. Daß der Borschtsch °lecker roch. Es war doch Borschtsch? Hoffentlich. Aber ja.

Es ist falsch, was ich mache. Alles falsch. Ich darf sie nicht ansprechen. Darf nichts sagen. Nichts gesehen haben. Dies Haus schirmt seine Bewohner ab. Es läßt sie ungestört. Das Laster, viele Arten der Liebe und andere Künste sind vor Indiskretion sicher. In diesem Haus ist jeder möglich. Auch ich.

Frau Klupper °erscheint an der Haustür. Kommt herein. Sie steht vor mir. „Ist ihnen schlecht? Brauchen Sie Hilfe?" fragt sie mich.

„Nein. Nein, danke. Ich wollte . . . wollte zum Briefkasten. Es riecht gut bei Ihnen", °stottere ich.

„Meine Kinder waren zum Essen da. Es gab °Keilchen mit Speck."

„Ihre . . . Kinder . . .?"

„Ja. Alle."

wütend *furious*

der Bote, -n *messenger*
ferner *moreover, in addition*

wie sonst *as usual*
duften *to smell pleasantly*

klappen *to bang shut*

die Tüte, -n *bag*
greifen, i, i *to grasp*
nach|geben, (i), a, e *here: to give way*

zurück|weichen*, i, i *to recede, to withdraw*

stürzen* aus *to rush out of*

lecker *delicious*

erscheinen*, ie, ie *to appear*

stottern *to stammer, to stutter*

Keilchen mit Speck *small dumplings with bacon*

Nichts stört Frau Klupper und mich. Wir könnten morgen noch im °Hausflur stehen. Niemand würde sich wundern. „Alle Ihre Kinder . . .“, höre ich mich antworten. „Das ist schön. Es freut mich.“

der Hausflur, -e *entrance hall, vestibule*

190 „Ein paar °Klöße sind übriggeblieben. Wollen Sie die versuchen?“ fragt Frau Klupper. Sie legt mir die Hand auf den Arm. Masuren liegt zwischen Dünen. Östlich von Insterburg fließt . . .

der Kloß, ⸗e *dumpling*

„Gern“, habe ich geantwortet.

Sie hieß Frau Klupper. Ihr °Spitzname war DIE MAHLZEIT.

der Spitzname, -n *nickname*

48

Fragen zum Inhalt

1. Beschreiben Sie das Haus am Kurpark!
2. Warum fühlen sich die Bewohner hier wohl?
3. Was bemerkt die Erzählerin auf dem Weg zum Müllplatz?
4. Warum glaubt sie, daß die alte Frau mit dem Müllbeutel Frau Klupper ist?
5. Was macht die alte Frau, bevor sie den Müll in die Tonne wirft?
6. Wie verhält sie sich bei der Begegnung mit der neuen Hausbewohnerin?
7. Welchen Eindruck hat die Erzählerin von Frau Klupper, und wie reagiert sie auf die alte Frau?
8. Was sieht die Erzählerin, als sie ihren Müllbeutel in die Tonne fallen läßt?
9. Wie wissen wir, daß sie beobachtet wird?
10. Was sagt Maria Greber über Frau Klupper?
11. Was hören wir über ihre Kinder?
12. Was tut Frau Klupper jeden Samstag Morgen?
13. Warum nimmt Maria an, daß Frau Klupper den Teller der Erzählerin vollhäufen würde, wenn sie vorbeikäme?
14. Was denkt die Erzählerin, als der Essensgeruch gegen Mittag durch das Haus zieht?
15. Weshalb läßt sie den Privatweg nicht aus den Augen, und warum wird sie langsam wütend?
16. Was hört und sieht sie beim Kaffeetrinken auf dem Balkon?
17. Warum scheint das Balkongeländer nachzugeben?
18. Weshalb rennt die Erzählerin plötzlich die Treppe hinunter, und warum meint sie, daß das, was sie macht, falsch ist?
19. Welche Ausrede findet sie, als Frau Klupper an der Tür erscheint?
20. Was erzählt ihr Frau Klupper, und warum lädt sie sie ein, die Klöße zu versuchen?

Übungen

I. Ergänzen Sie jeweils das passende Wort in der richtigen Form! Wählen Sie dabei aus der folgenden Liste:

Briefkasten; ehemalig; Fußgänger; Beutel; Gericht; Zettel; umgeben; Deckel; Mülltonne; gucken; Schlüssel; gelingen; höchstwahrscheinlich; mißtrauisch; Geländer; Hausflur; Gardine; Spitzname; Marmor; gewöhnen; erwidern; die Mahlzeit; zögern; Geruch

1. Das Haus gegenüber dem Kurpark ist ein _____ Hotel. Es ist von vielen Bäumen

   _____.

2. Die Treppe im _____ ist aus _____ ; auf beiden Seiten hat sie ein

   _____.

3. An dem _____ von Frau Klupper ist ein angegrauter _____ mit ihrem Namen

   geklebt.

4. Der _____ steckt in der Tür.

5. Auf dem Müllplatz des Hauses stehen mehrere _____.

6. Frau Klupper läßt ihren _____ in die Tonne fallen und macht den _____ zu.

7. Sie hat die Frau gegrüßt, aber diese hat den Gruß nicht _____.

8. Ihre Augen konnten sich nicht so schnell an das Licht _____.

9. Bevor Frau Klupper den Tonnendeckel öffnet, _____ sie nach links und rechts und

   _____ lange, bis sie den Müll hineinwirft.

10. Alle achtzehn Mietparteien werden _____ für immer in diesem Haus wohnen.

11. Ich wollte mich Frau Klupper bekanntmachen, aber es _____ nicht, denn sie war sehr

_____.

12. An dem Fenster hängt eine _____.

13. Frau Klupper kocht viele _____ mit unmöglichen Namen; dem _____ nach, muß

sie phantastisch kochen können.

14. Auf dieser Straße dürfen keine Autos fahren; sie ist nur für _____.

15. Der _____ von Frau Klupper war die _____.

II. Wie heißt das zusammengesetzte Substantiv? Geben Sie auch die englische Bedeutung an!

Beispiel: groß + die Familie = die Großfamilie *(extended family)*
der Kittel + die Schürze = die Kittelschürze *(smock)*

1. privat + der Weg
2. der Kasten + der Brief
3. die Eier + der Kuchen
4. der Platz + der Müll
5. die Suppe + die Bohnen
6. das Gebiet + der Sumpf
7. das Mahl + die Zeit
8. einkaufen + die Tasche
9. die Wohnung + das Parterre
10. der Balkon + das Geländer

III. Aus welchen zwei Wörtern bestehen die folgenden Substantive? Geben Sie die englische Bedeutung an!

Beispiele: der Windstoß = der Wind + der Stoß *(gust of wind)*
die Kostprobe = kosten + die Probe *(a taste)*

1. die Kußhand
2. die Haustür
3. der Telegrammbote
4. der Hausflur
5. der Briefträger
6. die Handtasche
7. die Mietpartei
8. das Doppelhaus
9. die Mittagszeit
10. die Plastiktüte
11. der Tonnendeckel
12. die Reisegesellschaft

IV. Ordnen Sie die Wörter in A und B sinngemäß einander zu!

A
1. täglich
2. blicken
3. das Gericht
4. wütend
5. schwierig
6. der Postbote
7. duften
8. versuchen
9. angegraut
10. unwillkürlich
11. tüchtig
12. überschnappen
13. sonderbar

B
a) das Essen
b) schwer
c) der Briefträger
d) jeden Tag
e) probieren
f) fleißig
g) verrückt werden
h) schmuddelig
i) merkwürdig
j) zornig
k) gut riechen
l) schauen
m) instinktiv

V. Drücken Sie den Inhalt der folgenden Sätze etwas anders aus! Achten Sie dabei auf die kursivgedruckten Ausdrücke und versuchen Sie, die folgenden Stichwörter zu benutzen:

ändern; gut schmecken; passieren; benutzen; nicht ganz geschlossen sein; unmöglich; langsamer gehen; rennen; kaum; sein; wie gewöhnlich.

Beispiel: Sie *erwidert den Gruß* nicht. Sie grüßt nicht zurück.

1. Es wäre nicht *ausgeschlossen,* ein Pferd zu halten.
2. Der Privatweg *ist* nur für Anlieger *benutzbar.*
3. Ich *verwandle* den Namen.
4. Die Tür *steht einen Spalt breit offen.*
5. Die Frau *verlangsamt die Schritte.*
6. Der Beutel *enthält* Kartoffeln.
7. Was ist *los?*
8. Der Geruch ist *nur schwach* wahrnehmbar.
9. Der Kaffee schmeckt nicht *wie sonst.*
10. Ich *stürze* aus der Wohnung.
11. Das Essen ist *lecker.*

Themen zur Diskussion und schriftlichen Beantwortung

1. Warum interessiert der Name „Klupper" die Erzählerin?
2. Warum schaut Frau Klupper zu den Fenstern hinauf und zögert, bevor sie ihren Müll in die Tonne wirft?
3. Warum sind die zwei Frauen bei ihrer ersten Begegnung irritiert?
4. Welche tiefere Bedeutung hat Frau Kluppers Spitzname: die Mahlzeit?
5. Glauben Sie, daß Frau Kluppers Kinder noch leben? Begründen Sie Ihre Ansicht!

Rudolf Schneider-Schelde

Schneider-Schelde is the pseudonym of the author Rudolf Schneider. He was born in Swabia in 1890 but moved to Berlin and later to Munich where he started his career as a free-lance writer. His works, which were blacklisted and burned by the Nazis during the Third Reich, include novels (*In jenen Jahren*, 1934; *Ehen und Freundschaften*, 1937), novellas, dramas, comedies, radio plays (*Die Jagd nach dem Gold des Kapitäns Kid*, 1933; *Er und Sie*, 1934) and screenplays for films (*Abend, Nacht, Morgen*, 1921; *Schatten*, 1923). After the war he spent two years (1949–1951) as the acting superintendant and program director of the Bavarian Broadcasting System in Munich. Schneider died there in 1956.

Die Vorlesung appeared in a book of German humor, entitled *Heiterkeit in Dur und Moll* (Band I), collected by Erich Kästner and first published in 1958. As is typical of Schneider's style, he treats the egocentric idiosyncracies of modern man in a light and humorous vein. In this story, for instance, one well-conceived trick is countered and defeated by another.

Die °Vorlesung

die Vorlesung, -en *lecture; here: reading*

Carlo hatte mir gesagt, Doktor Körner wolle seine neue °Wohnung einweihen und werde sich sehr freuen, wenn ich mitkommen wolle. Ich kannte Körner nicht, aber Carlo sagte mir, er sei aus einer Familie, die ihr Geld mit °westfälischen Schinken und Wurstwaren gemacht habe,
5 und es werde bestimmt ein wunderschönes Buffet mit kalten Platten geben, und so °entschied ich mich hinzugehen.

Als wir zu Doktor Körner kamen, waren schon ein paar Herren da, aber ich sah kein Buffet. Es war eine sehr schöne Wohnung, sehr modern und alles neu, und Körner machte einen sehr °gepflegten °Eindruck. Er hatte
10 eine goldene °Brille auf und einen °Scheitel in der Mitte, alles schien sehr auf Korrektheit °angelegt, die ganze Wohnung schien einen Scheitel in der Mitte zu haben. Ich sah eine Menge Bierflaschen und eine Flasche mit °Steinhäger und in einer °Schüssel sehr viel sauber geschnittenes schwarzes Brot, aber nirgends Wurst oder Schinken. Als Körner
15 ein paar Bilder zeigte, fragte ich Carlo, was das zu bedeuten habe, und Carlo meinte, die Wurst sei bestimmt noch im °Eisschrank.

die Wohnung ein|weihen *to give a housewarming party*

westfälischer Schinken: *a type of smoked ham, specialty of Westphalia*

sich entscheiden, ie, ie *to decide*

gepflegt *well-tended, well-groomed*
der Eindruck, ⸗e *impression*
die Brille, -n *eyeglasses*
der Scheitel, - *part (in hair)*
an|legen auf (+ acc.) *to aim at*
Steinhäger: *name of a German brandy*
die Schüssel, -n *dish*
der Eisschrank, ⸗e *refrigerator*

„Hoffentlich vergißt er nicht, sie hereinzuholen", sagte ich.

Man unterhielt sich lächelnd und stand herum, es waren °lauter Herren, und die °einzige Dame war das Zimmermädchen von Körner, es war ein °reizendes Mädchen, wie vom Film, das °ab und zu an einer Tür sichtbar wurde, mit einem °gestärkten °Häubchen und einem gestärkten °Schürzchen, Körner war °Junggeselle. Dann °ließ man sich um den langen Tisch in der Bibliothek nieder, wo die Bierflaschen standen, und Körner erklärte, er freue sich °riesig, daß wir so zahlreich gekommen seien, und eigentlich habe er gehofft, uns bei einem kalten Essen zu haben, aber es sei leider unmöglich gewesen. Er sagte noch, schließlich komme man auch nicht aus materiellen Gründen zusammen, sondern aus °geistigen. Hier machte er eine Pause und °wartete ab, ob irgend jemand etwas dazu °äußern wollte, aber alle schwiegen.

°„Ihr Wohl, meine Herren", sagte er dann und hob sein Glas, „seien Sie mir alle herzlich willkommen, jeden zweiten Donnerstag, °vorausgesetzt, daß kein Feiertag auf den Donnerstag fällt."

Wir tranken, und ich konnte nichts zu Carlo sagen, weil °zunächst niemand redete, einige griffen nach dem Brot und fingen zu °kauen an, und andere suchten den °Steinhägerkrug in ihre Nähe zu bekommen.

Nach einer Weile sagte Körner, wir säßen so harmonisch beisammen, und ob es nicht hübsch wäre, wenn jemand etwas vorlesen würde.

„Das auch noch", sagte ein dicker Mann in meiner Nähe, der °dauernd wütend auf die Schüssel mit Brot °starrte. Er sagte es nicht sehr laut.

„Aber das wäre reizend", sagte ein Herr mit einer °Schmetterlingskrawatte. Alle schauten zu ihm hin, und er °schlug nicht einmal die Augen nieder. Er war noch jung und sah ganz nett aus, und es war mir unverständlich, wie er so etwas sagen konnte.

„Also, wer wird uns die Freude machen?" fragte Körner und sah im Kreis herum. Niemand meldete sich.

Wir schauten °verdutzt in unsere Biergläser.

„Aber lies doch du selber etwas vor!" sagte der junge Herr.

Es war der °gemeinste Trick, den man sich denken kann, ich durchschaute ihn jetzt °vollkommen, °ehe noch Körner antwortete. Wir waren einfach hierher °gelockt worden, um etwas vorgelesen zu bekommen. Ich °hatte keine Ahnung, was dieser Körner für ein Körner war, aber offenbar °dichtete er, und offenbar war er °entschlossen, sich ein Publikum zu °verschaffen. °Wir saßen in der Falle.

„Ich weiß nicht?" sagte er, und dann sagte er, wenn alle es wünschten; er lese °Zustimmung in unseren Augen, und er fände es nicht nett, wenn man sich so lange bitten lasse.

Wir saßen °ziemlich stumm um den Tisch herum. Es war ein langer, sehr schöner und schwerer Tisch mit einer sehr schweren Platte, er stand in dem etwas °schmalen Bibliothekszimmer, so daß er °gewissermaßen die °Fortsetzung des Schreibtisches bildete, der mit der Schmalseite am Fen-

lauter	*nothing but (coll.)*
einzig	*the only*
reizend	*charming*
ab und zu	*now and then*
gestärkt	*starched*
das Häubchen, -	*bonnet*
das Schürzchen, -	*short apron*
der Junggeselle, -n	*bachelor*
sich nieder|lassen, (ä), ie, a	*to settle down, to take a seat*
riesig	*extremely, a lot (coll.)*
geistig	*intellectual*
ab|warten = warten	
(etwas) äußern	*to express (an opinion)*

(Auf) Ihr Wohl!	*To your health!*
vorausgesetzt, daß . . .	*provided that*

zunächst	*at first, initially*
kauen	*to chew*
der Krug, ⸚e	*pitcher*

dauernd	*continuously*
starren auf (+ acc.)	*to stare at*

die Schmetterlingskrawatte, -n	*bow tie*
die Augen nieder|schlagen, (ä), u, a	*to lower one's eyes*

verdutzt	*nonplussed, taken aback*

gemein	*low, common*
vollkommen	*completely*
ehe = bevor	
locken	*to entice (to a place)*
keine Ahnung haben	*to have no idea*
dichten	*to write (poetry)*
entschlossen sein	*to be determined*
sich (dat.) verschaffen, u, a	*to provide for oneself*
in der Falle sitzen, a, e	*to sit (or be caught) in a trap*
die Zustimmung	*assent, consent*
ziemlich	*rather*
schmal	*narrow*
gewissermaßen	*to a certain extent, so to speak*
die Fortsetzung, -en	*continuation*

ster stand. Körner setzte sich an den Schreibtisch und holte ein dickes, in °Schweinsleder gebundenes Manuskript heraus. Er sagte, er wolle uns etwas aus seinem °Roman vorlesen, weil wir es so wünschten. Jemand fragte, seit wann er Romane schreibe. Er sagte lächelnd, es sei ein °Geheimnis gewesen, aber jetzt wolle er es °bekennen, er habe °ganz in der Stille seit langem daran gearbeitet. Er °fügte hinzu, er hoffe uns ein °Erlebnis zu verschaffen, das wir nicht so schnell vergessen würden.

das Schweinsleder *pigskin leather*
der Roman, -e *novel*
das Geheimnis, -se *secret*
bekennen, a, a *to confess, to admit*
ganz in der Stille *secretly*
hinzu|fügen *to add*
das Erlebnis, -se *experience*

„Bestimmt nicht", sagte der dicke Mann in meiner Nähe. Seine Stimme war diesmal lauter.

„Ich bitte um Ruhe", sagte Körner rasch und °streng und °schlug das Manuskript auf. Er °räusperte sich ein paarmal und fing zu lesen an.

streng *strictly*
auf|schlagen, (ä), u, a *to open*
sich räuspern *to clear one's throat*

Carlo saß mir gegenüber. Ich hob langsam und vorsichtig die Faust vor mein Gesicht und zeigte sie ihm. Ich hatte einen sehr schlechten Platz. Alle hatten bessere Plätze als ich. Wenn Körner beim Lesen aufblickte, so sah er mich und hinter mir den Dicken. Wenn er von den anderen etwas sehen wollte, mußte er den Kopf °wenden. Also würde er °vermutlich, um sich von unseren Erlebnissen zu °überzeugen, mir ins Gesicht blicken.

wenden, a, a *to turn*
vermutlich *presumably*
sich überzeugen von *to convince oneself of*

Ich habe einmal fünf Stunden lang im Regen °auf einen Bock angesessen, und dann kam der Bock, und ich °fehlte ihn. Ich bin ziemlich hart. Es war °vorauszusehen, daß Körner nicht so bald °Schluß machen würde, nachdem er einmal angefangen hatte. Er hatte °etwas Öliges. Er las mit angenehm öliger Stimme etwas Öliges über zwei kultivierte Menschen, welche Probleme hatten. Ich wußte nicht, wie lange ich es °aushalten würde. Ich sah mich vorsichtig nach den andern um, sie machten den Eindruck, als wüßten sie nicht, wie lange sie es aushalten würden.

auf einen Bock an|sitzen, a, e *to lie in wait for a buck*
fehlen *here: to miss one's aim*
voraus|sehen, (ie), a, e *to foresee, to anticipate*
Schluß machen *to end*
etwas Öliges *an oily quality*
aus|halten, (ä), ie, a *to bear, to endure*

Dann sah ich, daß einer ganz unten am Tisch in der Nähe der Tür °sich wegstahl. Er °blinzelte zur Tür hin, wo durch einen Spalt hindurch das reizende Zimmermädchen sichtbar wurde, und °schlich hinaus. Es lagen Teppiche auf dem Boden, man konnte lautlos hinaus, ich sah, daß nach kurzer Zeit ein zweiter °sich aufmachte und verschwand. Auch die Tür war gut geölt.

sich weg|stehlen, (ie), a, o *to steal away*
hin|blinzeln *to wink toward*
hinaus|schleichen*, i, i *to slip or sneak away*
sich auf|machen *to set out (to do something)*

Ich saß °schräg vor Körner, der mich °anlas, neben mir den Dicken, wir °deckten mit unserem Körper das ganze °Hinterland. Körner las. Manchmal lächelte er, wenn er etwas besonders hübsch fand. Sonst lächelte niemand. Er blickte nicht auf oder noch nicht auf, aber ich war nicht sicher, ob er nicht in der nächsten Sekunde aufblicken würde. Ich fühlte, daß die Sache Carlo °peinlich war. Allen, mit °Ausnahme von Körner, war sie peinlich. Dann verschwanden vom unteren Tischende wieder zwei. Wir °sahen ihnen nach. Es dauerte nicht lange, und es verschwand noch einer. Es waren jetzt außer Carlo, mir und dem Dikken noch sechs Herren da. Körner las. Ich war der Meinung, daß die, welche °sich gedrückt hatten, einfach weggegangen waren, aber plötzlich kam der erste zurück. Es sah aus, als kaue er etwas, er machte einen °zufriedenen Eindruck. Er °schob sich langsam am Tisch weiter nach vorn und flüsterte dann mit seinem Nebenmann. Bald darauf verschwand dieser. Es fiel mir auf, daß er °vorher in die Schüssel griff und

schräg *diagonally*
an|lesen, (ie), a, e *to read to*
decken *to cover*
das Hinterland *here: the space behind*

peinlich *embarrassing*
die Ausnahme, -n *exception*

jemandem nachsehen (ie), a, e *to watch s.o. leave*

sich drücken *(coll.) to shirk, to hedge*

zufrieden *pleased, content*
sich schieben, o, o *to move, to shift one's position*
vorher *previously*

ein paar Schnitten Brot mitnahm. Auch den andern war es aufgefallen.
Dann hörte ich neben mir, über den Dicken herüber, ganz leise, wie
110 dem Nebenmann des Dicken zugeflüstert wurde: „Die °futtern draußen." Körner hörte es nicht. Er las.

Der Mann, der zurückgekommen war, °erwies sich seit seiner Rückkehr
als °beifallsfroh. Er versuchte sich in kleinen °Lauten der Zustimmung.
Dann kam wieder einer zurück und noch einer, und ein paar andre
115 schlichen hinaus. Körner las. Alle, die wieder hereinkamen, sahen
zufrieden aus und kauten noch und fingen °ordentlich zu trinken an.
Alle °taten es dem ersten gleich und zeigten sich beifallsfroh.

Für mich und den Dicken °bestand nicht die leiseste Aussicht wegzu-
kommen. Es war klar, daß es draußen irgend etwas zu essen gab. Dann
120 verschwand Carlo. Es war °ein gewagtes Stück, aber Körner merkte
nichts. Er las. Carlo nahm fünf oder sechs Schnitten Brot mit. Als er
nach einiger Zeit wiederkam, sah er dick und zufrieden aus. Es waren
jetzt mit Ausnahme des Dicken und mir alle einmal draußen gewesen,
und alle waren zufrieden wieder hereingekommen. Auch Carlo fing an,
125 Zeichen des Beifalls zu äußern.

Körner bemerkte den °Umschwung der °Stimmung und las °erst recht.
Er las jetzt mit mehr °Eifer, und es bestand weniger Aussicht als je, daß
er aufhören werde. Ich überlegte, was ich machen konnte. Es °lag auf
der Hand, daß es draußen herrliche Dinge zu essen gab, ich verstand nur
130 den Zusammenhang nicht. Der Dicke war so wütend, daß er °hörbar
schnaufte. Ich versuchte Carlo auf meine °Lage °aufmerksam zu
machen, aber er winkte mir ab und °zwinkerte mir zu. Ich zeigte ihm die
Faust. Nach einer Weile kam das Zimmermädchen herein, blickte
suchend umher und kam dann lautlos zu mir. „Sie möchten ans Telefon
135 kommen", flüsterte sie mir zu. Carlo zwinkerte. Ich °erhob mich sofort,
und wir gingen beide lautlos hinaus.

Sie schloß die Tür und sagte: „Ihr Freund hat mir gesagt, ich soll es so
machen. Wünschen Sie nicht eine Kleinigkeit zu essen?"

„Sie sind ein °famoses Mädchen", sagte ich.

140 „Oh!" Sie lachte. „Es ist in der Küche, kommen Sie!"

Wir gingen in die Küche, und ich sah einen wunderbaren Schinken und
wunderbare Wurst und °Speck und Butter, es war eine ganze große
Platte voll, Würste so lang und so dick wie ein Arm.

„Nur das Brot müssen Sie °einteilen", sagte das Mädchen, „alles Brot ist
145 drinnen, das hier hat Ihr Freund mit herausgebracht."

„Schön", sagte ich, „und wenn Herr Körner herauskommt?"

„Er kommt nicht, solange er liest."

„Und wenn er aufhört?"

Sie lachte wieder. „Er hört nicht auf."

150 Ich setzte mich und aß. Das Mädchen war mir °behilflich. Sie schnitt mir
eine herrliche Schnitte Schinken ab und °strich mir die Butter aufs Brot.

---

futtern *to eat (coll.)*

sich erweisen (als), ie, ie *to prove oneself to be*
beifallsfroh *eager to applaud* (der Beifall *applause*)
der Laut, -e *sound, noise*
ordentlich *here: quite a bit*
jemandem etwas gleich|tun, a, a *to imitate a person, to follow a person's example*
(es) besteht nicht die leiseste Aussicht *there is not the slightest chance*
ein gewagtes Stück *a bold step*

der Umschwung, ⸚e *sudden change*
die Stimmung, -en *mood*
erst recht *all the more*
der Eifer *zeal, enthusiasm*
auf der Hand liegen, a, e *to be obvious*
hörbar schnaufen *to breathe audibly*
die Lage, -n *situation*
aufmerksam machen auf (+ acc.) *to draw attention to*
(jemandem) zu|zwinkern *to give a person a little wink*
sich erheben, o, o *to rise, to get up*

famos *splendid*

der Speck *bacon*

ein|teilen *to divide up carefully*

(jemandem) behilflich sein *to be helpful to a person*
streichen, i, i *here: to spread*

„Auch die anderen Herren waren sehr hungrig", sagte sie.

„Ist das nicht etwas sonderbar?" fragte ich.

„Ja, vielleicht", sagte sie. „Schmeckt es Ihnen nicht?"

55 Es schmeckte mir °großartig, ich aß zwei dicke Schnitten Schinken und drei dicke °Scheiben einer wundervollen °rohen Salami. Das Mädchen °schälte mir die Haut ab, ich unterhielt mich mit ihr, und wir verstanden uns ausgezeichnet.

großartig *fantastic*
die Scheibe, -n *slice*
roh *uncooked*
ab|schälen *to peel*

„Es ist noch ein Herr drinnen, der nichts bekommen hat", sagte ich.

60 „Der Dicke", sagte sie, „ja, ich weiß, aber ich kann nicht noch jemand ans Telefon holen. Ist er Ihr Freund?"

Ich verneinte.

„°Einer muß immer dran glauben", sagte sie. „Hoffentlich hat er keinen Hunger." „Geht das hier manchmal so?" fragte ich. Sie bejahte. Ich 65 fragte sie noch, ob Herr Körner es nicht bemerken werde, wenn wir ihm alles wegäßen, aber sie sagte, das sei ausgeschlossen, die ganze °Speisekammer sei voll, und er bekomme immer wieder.

Einer muß immer dran glauben *one (man) must be the victim*

die Speisekammer, -n *pantry*

„Und warum gibt er seinen Gästen nichts?"

Sie °zuckte die Achseln. „Er ist so."

die Achseln zucken *to shrug one's shoulders*

70 Schließlich fragte ich sie, ob sie mir erlauben würde, ihr ein Paar °Strümpfe zu schenken oder °der Einfachheit halber das Geld dazu, und sie nickte und °knickste. Sie war ein reizendes Mädchen.

der Strumpf, ̈e *stockings*
der Einfachheit halber *for simplicity's sake*
knicksen *to curtsy*

Als ich wieder in die Bibliothek kam, sahen mir die anderen erwartungsvoll entgegen. Ich wußte, daß ich jetzt °satt und zufrieden aussah. Ich 75 ging leise an meinen Platz. Körner las. Der Dicke neben mir warf °rasende Blicke nach allen Richtungen und sah mich °verächtlich an.

satt (sein) *to have had enough to eat*

rasend *furious*
verächtlich *contemptuously, scornfully*

„Gehen Sie einfach raus", flüsterte ich ihm zu. Er wagte es nicht.

Als Körner endlich zu lesen aufhörte, °überschütteten wir ihn mit Beifall und °Lob. Körner dankte °geschmeichelt. Nur der Dicke erwies sich als 80 °unnachsichtiger Kritiker. Beim Abschied versprachen wir Körner, bald wiederzukommen, vorausgesetzt, daß der Donnerstag nicht auf einen Feiertag falle. Wir schüttelten einander °rundum herzlich die Hände und waren alle sehr °aufgekratzt, nur der Dicke blieb °frostig, und als er im Treppenhaus °erfuhr, was es in der Küche gegeben habe, beschimpfte er 85 uns der Reihe nach.

überschütten mit *to heap upon a person*
das Lob *praise*
schmeicheln *to flatter*
unnachsichtig *unrelenting*
rundum *all around*
aufgekratzt *pepped up (coll.)*
frostig *cool, detached*
erfahren, (ä), u, a *to learn*

Auf dem Heimweg °schloß sich Carlo und mir der junge Herr mit der Schmetterlingskrawatte an und sagte, er habe die Sache °absichtlich so arrangiert, damit wir auch etwas zu essen bekämen. „Es ist die einzige Möglichkeit, etwas zu essen bei ihm zu bekommen", sagte er, „wenn 90 man ihn vorlesen läßt. °Es klappt dann immer."

sich jemandem an|schließen, o, o *to join s.o.*
absichtlich *intentionally*

es klappt *it works out*

„Und das Mädchen?" fragte Carlo.

„Oh, das Mädchen!" sagte er. „Körner °hält sie etwas knapp. Und die meisten Gäste geben ihr dann ein sehr °anständiges Trinkgeld."

jemanden knapp|halten, (ä), ie, a *to keep a person short on money*
anständig *decent*

57

„Was sagst du?" sagte Carlo lachend zu mir, „zeig mir jetzt deine Faust.
195 Hast du eine? Habe ich nicht für dich gesorgt wie eine Mutter für ihr
Junges und sogar das Brot für dich in die Küche hinausgetragen? Bin ich
dein Freund, bin ich dein guter Freund, der dich °vor dem Verhungern
bewahrt hat, bin ich °Kastor, wenn du °Pollux wärest?"

vor dem Verhungern bewahren *to save
from starving*
Kastor und Pollux: *the twin sons of Zeus
and Leda, Greek Gods*
(Legend has it that they quarreled
with their brothers-in-law, and during
a struggle Castor was killed. Pollux
begged to die so that he would not be
separated from his brother, and as a
result they are said to have been
placed together in the sky in the con-
stellation called Gemini or The
Twins.)

Fragen zum Inhalt

1. Wie bringt Carlo seinen Freund dazu, mit ihm zu Dr. Körner zu gehen?
2. Was gibt Carlo als Grund für die Einladung an?
3. Beschreiben Sie Herrn Körner und seine Wohnung!
4. Was ist für die Gäste bereitgestellt, und was kann Carlos Freund nirgendwo sehen?
5. Was teilt Körner den Herren bei der Begrüßung mit?
6. Welchen Vorschlag macht er, nachdem er auf das Wohl der Gäste getrunken hat, und wie reagiert die Mehrzahl der Herren darauf?
7. Was ist der wahre Grund für diesen Vorschlag?
8. Was erhofft sich Körner von seiner Vorlesung?
9. Warum hat Carlos Freund einen schlechten Platz?
10. Was kann er beobachten, als er sich vorsichtig umsieht?
11. Weshalb bemerkt Körner nicht, daß sich immer mehr Herren vom Tisch wegstehlen?
12. Weshalb erweisen sich die Herren, die für einige Zeit verschwunden waren, plötzlich als beifallsfroh?
13. Warum sind der Dicke und Carlos Freund noch immer unzufrieden?
14. Wie gelingt es Carlos Freund, aus der Bibliothek herauszukommen?
15. Was bekommt er in der Küche, und wie will er sich bei dem Mädchen dafür bedanken?
16. Warum erweist sich der Dicke bis zum Schluß als unnachsichtiger Kritiker und beschimpft die anderen Herren?
17. Was erklärt der junge Herr mit der Schmetterlingskrawatte Carlo und seinem Freund?
18. Warum gibt das Zimmermädchen den Gästen etwas zu essen, ohne daß Dr. Körner davon weiß?

Übungen

I. Welches Wort paßt nicht? Halten Sie sich an den Inhalt der Geschichte!

Beispiel: Die Küche: Schinken, Speck, Salami, Schmetterlingskrawatte (Schmetterlingskrawatte)

1. Dr. Körner: Junggeselle, Brille, arm, korrekt
2. das Zimmermädchen: Häubchen, Scheitel, famos, Schürze
3. die Gäste: sich unterhalten, hinausschleichen, tanzen, trinken
4. die Bibliothek: Trinkgeld, Brot, Bierflaschen, Schreibtisch
5. das Manuskript: Roman, aufschlagen, Kleinigkeit, Schweinsleder

II. Sagen Sie das Gegenteil!

Beispiel: Die Dame sitzt da *vorn(e)*. Die Dame sitzt *dahinten*.

1. Es gibt *eine kalte Platte*.
2. Er ißt gern *schwarzes Brot* (Schwarzbrot).
3. aus *materiellen* Gründen
4. Ich bin *hungrig*.
5. Die Gäste *erhoben sich*.
6. Sie hat es *verneint*.
7. Er machte einen *ungepflegten* Eindruck.
8. Wir freuen uns *riesig* darüber.
9. Alle *waren stumm*.
10. *unten* am Tisch.
11. Der Schinken war *gekocht*.

III. Ordnen Sie die Wörter in A und B sinngemäß einander zu!

A		B	
1.	die Lage	a)	essen
2.	ab und zu	b)	schnell
3.	großartig	c)	sagen
4.	zunächst	d)	der Enthusiasmus
5.	verdutzt	e)	die Situation
6.	äußern	f)	gleich danach
7.	vollkommen	g)	zuerst
8.	futtern	h)	manchmal
9.	der Eifer	i)	ganz
10.	bald darauf	j)	wundervoll
11.	rasch	k)	erstaunt

IV. Bilden Sie ganze Sätze mit den folgenden Wörtern und Ausdrücken!

1. (jemandem etwas) vorlesen
2. (sich) entscheiden
3. keine Ahnung haben (von)
4. aufmerksam machen (auf)
5. entschlossen sein (zu)
6. Schluß machen (mit)
7. der Einfachheit halber
8. vorausgesetzt, daß

V. Kreuzworträtsel: Finden Sie das richtige Wort und setzen Sie es in das Kreuzworträtsel ein!

Beispiel: ein kleiner Raum, in dem Speisen aufbewahrt werden: *Speisekammer*

Horizontal

1. ein kleiner Raum, in dem Speisen aufbewahrt werden
6. prima, sehr gut
7. lautes Lesen eines Textes vor einer Gruppe
9. deutsche Spezialität aus Westfalen
13. etwas, was man nicht wissen soll
14. sehen, blicken

Vertikal

2. deutscher Schnaps
3. eine große Anzahl
4. verschiedene Sorten von Wurst
5. drehen
8. wenn man gerne und viel Beifall spendet (adj.)
10. die Atmosphäre bei einer Party
11. schön, gefällig
12. ein Schrank, der Speisen und Getränke kühl hält

Themen zur Diskussion und schriftlichen Beantwortung

1. Warum war die Einladung bei Herrn Dr. Körner ein „gemeiner Trick"?
2. Charakterisieren Sie Herrn Körner! Geben Sie Beispiele!
3. Welche Rolle spielt der junge Mann mit der Schmetterlingskrawatte bei Körners Einladung?
4. Warum vergleicht der Autor Carlo und seinen Freund mit Kastor und Pollux?
*5. Was ist das Humorvolle an dieser Geschichte? Geben Sie Beispiele!
6. Hat Ihnen diese Geschichte gefallen? Warum (nicht)?

Ingeborg Bachmann

Ingeborg Bachmann was born in 1926 in Klagenfurt, Austria. She studied philosophy in Vienna, travelled extensively throughout Europe and the United States, and eventually settled in Rome, where she died in 1973.

Bachmann is especially well-known for her poetry (*Die gestundete Zeit*, 1953; *Anrufung des großen Bären*, 1956), but has also written radio plays (*Zikaden*, 1954; *Der gute Gott von Manhattan*, 1958), short stories (*Das dreißigste Jahr*, 1971; *Simultan*, 1972), and a novel (*Malina*, 1971). She was the recipient of numerous literary prizes, such as the *Preis der Gruppe 47* and the *Georg-Büchner-Preis*.

Die Karawane und die Auferstehung appeared in *Sämtliche Erzählungen*, 1978. As is typical of most of Bachmann's writings, her characters are drawn from everyday life, but are often described in mythic or symbolic terms. The simplicity of her style accentuates the serious implications of the various dilemmas she presents. Whether her stories deal with love, life or death, her themes penetrate to the core of human concerns.

Die Karawane und die Auferstehung is an original vision of death. The religious references in the story are many, including the caravan, the striking of the twelve bells, the eternal flame and, of course, the resurrection at the end of the story. The reader is left to decide whether these references have an exclusively religious meaning or are symbols of a more general nature.

Die Karawane und die °Auferstehung

Als der alte Mann, der gestorben war, sich nach wenigen Schritten umsah, begriff er nicht, warum sich auch hinter ihm °die unabsehbare Wüste dehnte, die vor ihm lag. Er hätte nicht zu sagen °vermocht, ob es Sand war, auf dem er so mühelos dahinging, oder °glatter Asphalt, denn
5 das Licht, das über der leeren Landschaft lag, war nicht Licht in irgendeinem Sinn, in dem er es früher gekannt hatte. Es gab °weder Farben noch Schatten, es war °glanzlos, °ungreifbar, seine °Wellen waren wohl nicht zu °messen, seine °Geschwindigkeit nicht °festzustellen; es war also nicht Licht, und doch nannte es der alte Mann bei sich so.

10 °Einfach war die Landschaft beschaffen, in die er geraten war. An welcher Stelle er sie betreten hatte, war nicht °auszumachen, es schien ihm nach allen Seiten keinen Anfang und kein Ende zu geben, und dennoch wußte er, daß er erst kurze Zeit in dieser Wüste wanderte. Der Mann

die Auferstehung *resurrection*
die unabsehbare Wüste *the boundless desert*
vermögen *to be able to*
glatt *smooth*
weder . . . noch *neither . . . nor*
glanzlos *dull*
ungreifbar *intangible*
die Welle, -n *wave*
messen, (i), a, e *to measure*
die Geschwindigkeit *speed, velocity*
fest|stellen *to determine*
einfach . . . beschaffen *simple was the nature of*
aus|machen *here: to figure out*

61

erinnerte sich noch der °quälenden Schmerzen, von denen er in den
15 letzten Tagen seines Lebens befallen gewesen war, und fühlte °befrem-
det, daß es ihn nicht °erleichterte, sie verloren zu haben und so mühelos
°ausschreiten zu können.

Als er sich nach einer Weile wieder umwandte, sah er sich nicht mehr
allein. Hinter ihm, in einem °Abstand, den er nicht zu °schätzen ver-
20 mochte, marschierte mit fröhlich °erhobenem Kopf ein °Knabe, und ein
paar Schritte hinter dem Kleinen bemerkte er ein junges Mädchen; ihr
Kopf war °von einer Haarflut überschwemmt, wie sie die °magere,
°schwindsüchtige Gestalt kaum tragen zu können schien.

Der alte Mann hatte das Gefühl, daß der Knabe und das Mädchen ihn
25 °wahrgenommen hatten und einander wahrnahmen, aber er wußte
nicht, wie °eine Verständigung herzustellen war. Vielleicht war es das
beste, stehenzubleiben und zu warten, bis sie ihn erreicht hatten.

Wie er es aber auch °anstellen wollte, stehenzubleiben – es gelang ihm
nicht. Das ist der Tod, stellte er bei sich fest; man kann nicht mehr
30 stehenbleiben.

Er wandte sich einigemal um und blickte auf seine °Weggefährten, die
sich nun schon um zwei weitere Personen °vermehrt hatten. Dem °zer-
brechlichen jungen Mädchen folgte ein junger Mann, der sich auf °Krük-
ken °fortbewegte. Hinter dem Invaliden kam eine gebückte alte Frau
35 und bildete den °vorläufigen Abschluß der Karawane.

Je länger die Wanderung dauerte und °Gleichgültigkeit und °Gleichför-
migkeit auf die kleine °Menschenschar ihre °Gewalt ausübten, um so
trauriger und sinnloser wurde für jeden einzelnen der °ziel- und weglose
Marsch, wenn auch wirkliche Traurigkeit keinen von ihnen mehr hätte
40 ergreifen können. Ihr Denken und Fühlen war keineswegs ganz °erlo-
schen, aber °nahezu ohne lebendigen Inhalt, so daß es sich nur mit sich
selbst °beschäftigte, richtungslos und einsam kreiste, und °Gedanken
sich müde an Gedanken schlossen.

Manchmal dachte der alte Mann: Es war Frühling, und der Wind trom-
45 melte ans Fenster, als ich starb. Mein Sohn spielte auf seiner kleinen
°Geige, einem viel zu kleinen Instrument, als daß ich es richtig hätte
hören können. Meine Tochter sagte: „Vater!" – und noch einige Male
„Vater". Zum dritten Male schien die Sonne in diesem Jahr.

Manchmal dachte das junge Mädchen: Es war Frühling, und der Wind
50 trommelte ans Fenster, als ich starb. Meine Hand lag in der Hand des
kurzsichtigen Arztes, der sie sanft drückte und hin und wieder sagte:
„Wie wunderschön ihr Haar ist!"

Der junge Mann °schwang sein Bein ab und zu schneller vor, °zwischen-
durch tat er, als greife er im Gehen in seine Tasche, um eine Zigarette
55 hervorzuholen: Es war Frühling und ich dachte: Gott ist tot. Er drückt
einem seine schwere Hand auf den Mund, damit man nicht schreien
kann, und er läßt den Wind an unsre Brust trommeln, an unsre Augen
und an unsre Stirn, und die Zigarette erlischt, ehe man schreien kann.

quälend *agonizing*
befremdet *alienated*
erleichtern *to ease, here: to relieve*
aus|schreiten*, i, i *here: to walk*

der Abstand, ⸚e *distance*
schätzen *to estimate*
erheben, o, o *to raise*
der Knabe, -n *boy*
von einer Haarflut überschwemmt
covered with thick and flowing hair
mager *skinny*
schwindsüchtig *consumptive*

wahr|nehmen, (i), a, o *to notice*
eine Verständigung herstellen *here: to
try to communicate*

an|stellen *here: to go about*

der Weggefährte, -n *travelling companion*
sich vermehren (um) *to increase*
zerbrechlich *fragile*
die Krücke, -n *crutch*
sich fort|bewegen *to move along*
vorläufig *temporary*
die Gleichgültigkeit *indifference*
die Gleichförmigkeit *uniformity*
die Schar, -en *group*
Gewalt aus|üben auf (+ acc.) *to exercise
power over*
ziellos *aimless*
erlöschen* (es erlischt), o, o *to extin-
guish*
nahezu *almost*
sich beschäftigen mit *to occupy oneself
with*
Gedanken sich müde an Gedanken
schlossen *one thought followed another in a weary way*
die Geige, -n *violin*

vor|schwingen, a, u *to swing forward*
zwischendurch *in between*

Hin und wieder hatte die alte Frau Lust zu murmeln: Ach, hätte doch
jemand Feuer im Ofen gemacht, hätte mir doch jemand die dicken
Strümpfe von den Füßen gezogen und mich zu Bett gebracht. Mit beiden
Fäusten trommelte der Wind ans Fenster und rief: „Schlaf nicht ein,
mach Feuer im Ofen, zieh dir die °Wollmütze über den Kopf und denk
dir ein °Märchen für dein °Enkelkind aus!" Ach, wäre doch das Kind
gekommen und hätte mich gebeten, das Märchen von dem weißen
Osterlamm zu erzählen, das in eine Wolke °verwandelt wurde. Ach,
wäre doch der Wind durchs Fenster geflogen und hätte Feuer gemacht . . .

Nur der Knabe wußte nichts von Geigen, die zu leise klingen, und von
Töchtern, die „Vater" sagen, nichts von schönen Haaren, nichts von
Gott, der tot ist und einem dennoch °die Beine vom Leib reißen kann;
nicht einmal von Großmüttern wußte er, die auf Enkelkinder warten
und kein Feuer mehr im Ofen °anfachen können.

Was ist Frühling? hätte er fragen wollen. Das ist doch nicht der Frühling, von dem ihr sprecht! Den müßt ihr mir einmal zeigen, den wunderbaren, goldblauen Frühling, der °mit einem Gefolge von Kirschblüten
und klingenden Himmelschlüsseln kommt, in dessen Wolkenwagen die
°Engel fahren und die Sonne wie einen feurigen °Schild tragen, an dem
die °Pfeile des Winters zerbrechen. Oh, was wißt ihr vom Frühling!

Er hätte keinem von den anderen geglaubt, daß das schon der Frühling
war, wenn °wirbelnde Winde an die Fenster des °Waisenhauses trom-
melten, in dem er sein Leben lang still auf dem gleichen Platz gelegen
war. Seine °unentstiegene Sehnsucht wartete auf wunderbare °Töne, die
er noch nicht kannte, auf Worte, die er noch nie gesprochen hatte, und
auf einen Menschen, der noch nicht auferstanden oder schon lange
gestorben war.

Das weite, leere Land, in dem er sich jetzt fand, war nicht leerer als das,
in dem er gelebt hatte, und °es dünkte ihn, daß noch nichts anders
geworden war, daß sich aber noch vieles ändern müsse.

Jeder seiner Schritte war von einer Fröhlichkeit, die er den anderen
gerne mitgeteilt hätte. Aber diese Fröhlichkeit hatte keinen Namen, und
er hätte sie nicht über die Lippen gebracht, °selbst wenn es eine Möglichkeit gegeben hätte.

Plötzlich aber brach in die Eintönigkeit und die unbeschreibliche Leere
eine °Erschütterung, unter der der Knabe °wankte und °zusammenzu-
brechen drohte, °wenngleich er weiterschritt und man kaum eine Veränderung an ihm wahrgenommen hätte. Bei der zweiten Erschütterung,
die folgte, vermochte er die Hände zu °regen und den Mund zu öffnen,
aus dem °ein Laut grenzenlosen Erstaunens brach, ohne daß das gleiche
auch dem alten Mann und den anderen, die sich hinter ihm befanden,
°widerfuhr. Und als er zum drittenmal °von dem rauschenden, dröhnenden Klang geschlagen wurde, wußte er, daß °Glocken mit solch °unge-
heurer °Wucht die Karawane in der °Abgeschiedenheit und Verlorenheit ihres °Unternehmens trafen und daß die Stunde gekommen war, in
der es am °Entschluß der Wandernden °lag, ihren ziellosen Weg zu

die Mütze, -n *cap*
das Märchen, - *fairy tale*
das Enkelkind, -er *grandchild*

verwandeln in *(+ acc.) to turn into*

die Beine vom Leib reißen, i, i *to tear the
legs from the body*
an|fachen *to kindle*

mit einem Gefolge von Kirschblüten und
klingenden Himmelschlüsseln *with an
entourage of cherry blossoms and jing-
ling primroses*
der Engel, - *angel*
der Schild, -e *shield*
der Pfeil, -e *arrow*
wirbelnd *whirling*
das Waisenhaus, ̈er *orphanage*
unentstiegene Sehnsucht *unawakened
yearning*
der Ton, ̈e *tone, sound*

es dünkte ihn *it seemed to him*

selbst wenn *even if*
die Erschütterung, -en *violent trembling*
wanken *to stagger, to reel*
zusammenzubrechen drohte: *(he)
looked as if he were about to collapse*
wenngleich *even though*
regen *to move*
ein Laut grenzenlosen Erstaunens *an
expression of profound astonishment*
widerfahren*, (ä), u, a *(+ dat.) to happen to*
von dem rauschenden, dröhnenden
Klang geschlagen *struck by the thun-
dering, resounding ringing*
die Glocke, -n *bell*
ungeheuer *tremendous*
die Wucht *force*
die Abgeschiedenheit *seclusion*
das Unternehmen, - *undertaking*
der Entschluß, ̈sse *decision*
es liegt an, a, e *(+ dat.) here: it depends
on*

63

beenden und °heimzukehren, wo sie noch nie oder schon immer zu
105 Hause gewesen waren.

Mit einer °Beweglichkeit, die er nie gekannt hatte, °stürzte der Knabe
aus der Reihe, die bisher keiner °sprengen konnte, und stürzte vor zu
dem alten Mann, der °zwar verwundert wahrnahm, daß dem Knaben
eine °Kraft gekommen war, die er selbst nicht besaß und keiner der
110 anderen, aber nicht verstand, was ihm das Kind mit zitternden Lippen
°vortrug.

„Alter Mann", sprach es aus dem Kind, das °mit einem Male, ohne eine
einzige Sprache zu °beherrschen, alle Sprachen auf seinen Lippen hatte,
„die Glocken schlagen zum vierten und fünften Male! Hörst du die
115 Glocken nicht, die ,Vater' rufen?"

Als der Knabe °merkte, daß der alte Mann die Glocken nicht °vernahm,
stürzte er zurück und überfiel das Mädchen mit seinen stürmischen Bitten: °„Horch! Sechsmal . . . siebenmal . . . die Glocken schlagen . . ."
Aber das Mädchen hob kaum den Kopf und ging °unberührt weiter. Der
120 Invalide hört wohl auch die Glocken nicht, denkt der Knabe und zählt
jeden Glockenschlag. Acht . . . neun . . .

Vielleicht spürt die alte Frau, daß ich ihr Enkelkind bin. „Großmutter,
der Wind trommelt ans Fenster und will Feuer machen, sobald du nur
deine Wollmütze über den Kopf °gezogen hast und auf die Glocken
125 hörst! Zehn . . . Großmutter!" Fremde alte Frau! Elf . . .

Der Knabe °schluchzt, und Flammen °schlagen in ihm empor, und er
möchte eine Stimme haben, stärker als die große, dunkle, °mächtige
Glocke, die das zwölfte und letzte Mal an das weite, leere Land schlägt.

Und wenn sie auch niemand hört, jetzt sehen alle das flammende Kind,
130 denn sie sehen und gehen ja noch, der alte Mann, der Invalide, das
schwindsüchtige Mädchen und die Großmutter. Und die Glocke schlägt
zum zwölften Male und schlägt stärker als alles, was je an ihre Ohren
geschlagen hat, und sie bleiben stehen. Und das weite, leere Land ist
nicht mehr, und der Weg ist nicht mehr, und die Wandernden selbst sind
135 nicht mehr.

Nur an der Stelle, wo das Kind zu brennen anfing, steht eine kleine
Flamme im °unermeßlichen Dunkel, das alles °Zwielicht °verschlungen
hat.

---

heim|kehren* *to turn homeward, to go home*

die Beweglichkeit *agility*
stürzen *to dash*
sprengen *to explode; here: to break out of*
zwar . . . aber *on the one hand, on the other*
die Kraft, ⸗e *strength*
vor|tragen, (ä), u, a *here: to tell*
mit einem Male *suddenly*
beherrschen *to have command of*

merken *to notice, to make a note of, here: to realize*
vernehmen, (i), a, o = wahrnehmen
horchen *to listen*
unberührt *untouched*

ziehen, o, o *to pull, to tug*

schluchzen *to sob*
empor|schlagen*, (ä), u, a *to rise up*
mächtig *mighty*

unermeßlich *boundless*
das Zwielicht *twilight*
verschlingen, a, u *to swallow up*

Fragen zum Inhalt

1. Beschreiben Sie die Landschaft, in der sich der alte Mann befindet! Warum fällt es ihm schwer, sie zu begreifen?
2. Wen bemerkt der Mann hinter sich?
3. Warum gelingt es dem Mann nicht, die Bekanntschaft seiner Weggefährten zu machen?
4. Weshalb ist der Marsch so traurig und sinnlos?
5. Woran erinnnern sich der alte Mann und das Mädchen manchmal?
6. Welches Bild macht sich der junge Mann mit der Krücke von Gott?
7. Nennen Sie die Elemente der Natur, die bei dem Tod der Wandernden eine Rolle spielten!
8. Woran denkt die alte Frau bei der Wanderung?
9. Wie stellt sich der Knabe den Frühling vor?
10. Warum dünkt ihn die leere Todeslandschaft kaum anders als sein Leben?
11. Was hofft der Junge, und was will er den anderen mitteilen?
12. Wie wird die Eintönigkeit plötzlich unterbrochen, und was kann der Knabe hören?
13. Warum ist es dem Knaben so wichtig, daß der alte Mann, das Mädchen und die Großmutter die Glocken hören?
14. Wie reagieren die drei auf die Bemühung des Knaben?
15. Was geschieht am Ende der Geschichte mit dem Jungen?

Übungen

I. Ist a) richtig oder b)? Halten Sie sich an den Inhalt der Geschichte!

1. Der alte Mann
   a) ist tot.
   b) lebt noch.

2. Der alte Mann
   a) hat noch immer große Schmerzen.
   b) hat jetzt keine Schmerzen mehr.

3. Die Karawane
   a) wandert durch den Wald.
   b) wandert durch die Wüste.

4. Der Knabe hinter dem Mann
   a) war fröhlich.
   b) war traurig.

5. Das junge Mädchen
   a) war leider etwas zu dick.
   b) sah mager aus.

6. Der alte Mann
   a) will stehenbleiben, um mit den anderen Personen zu sprechen.
   b) will am liebsten alleine marschieren.

7. Der Marsch durch die Wüste
   a) war recht interessant.
   b) war monoton und sinnlos.

8. Die Personen in der Karawane
   a) sind im Herbst gestorben.
   b) starben alle im Frühling.

9. Das weite leere Land
   a) ist für den Knaben nichts Neues.
   b) macht den Knaben traurig.

10. Der Knabe
    a) konnte plötzlich Glocken hören.
    b) hörte die anderen plötzlich sprechen.

11. Die Glocken
    a) schlagen nur ein einziges Mal.
    b) schlagen zwölfmal.

12. Das Kind
    a) fing an zu brennen.
    b) fing an zu weinen und wegzurennen.

II. Welche Wörter passen dem Sinn nach zusammen? Kombinieren Sie immer ein Wort aus der linken Spalte mit einem anderen aus der rechten!

Beispiel: 1. die Wüste – d) der Sand

1. die Wüste	a) das Licht
2. der Asphalt	b) die Krankheit
3. die Welle(n)	c) die Karawane
4. die Dunkelheit	d) der Sand
5. der Inhalt	e) die Straße
6. gebückt	f) der Schatten
7. die Schmerzen	g) das Ziel
8. der Marsch	h) das Märchen
9. die Geige	i) die Kirschblüte(n)
10. die Richtung	j) das Alter
11. erzählen	k) die Musik
12. der Frühling	l) das Buch

III. Finden Sie Antonyme! Kombinieren Sie jeweils ein Wort aus der linken Spalte mit einem anderen aus der rechten!

Beispiel: 8. beenden – f) anfangen

1. stark	a) bekannt
2. fremd	b) senken
3. stehenbleiben	c) auf die Welt kommen
4. fröhlich	d) schrecklich
5. sterben	e) zumachen
6. heben	f) anfangen
7. öffnen	g) schwach
8. beenden	h) weitergehen
9. wunderbar	i) deprimiert

IV. Wie heißt das Kompositum, und was ist seine englische Bedeutung?

Beispiel: die Kirsche + die Blüte = die Kirschblüte *(cherry blossom)*

1. die Flut + das Haar
2. zwei + das Licht (!)
3. bleiben + stehen
4. der Gefährte + der Weg
5. die Mütze + die Wolle
6. Ostern + das Lamm
7. das Kind + der Enkel
8. die Schar + der Mensch
9. der (die) Waise + das Haus
10. schlagen + die Glocke

V. Ersetzen Sie die kursivgedruckten Wörter durch Synonyme!

Beispiel: Der Mann *blickte* auf seine Weggefährten.
Der Mann *schaute* auf seine Weggefährten.

1. Der alte Mann *begriff* nicht, warum ihn die Wüste auf allen Seiten umgab.
2. Die Landschaft, in die er *geraten* war, war einfach beschaffen.
3. Der Mann *bemerkte* ein junges Mädchen.
4. Hinter ihm *marschierte* ein Knabe.
5. Die alte Frau bildete *den Abschluß* der Karawane.
6. Es war eine kleine *Schar.*
7. *Es dünkte ihn,* daß nichts anders geworden war.
8. Der alte Mann war darüber *verwundert.*
9. Er *vernahm* die Glocken nicht.
10. Vielleicht *spürte* die alte Frau das auch.
11. Der Knabe *schluchzte.*
12. Flammen schlugen in ihm *empor.*

Themen zur Diskussion und schriftlichen Beantwortung

1. Was ist
   a) die wörtliche Bedeutung der Wörter „Karawane", „Wüste" und „Glocke"?
   b) die symbolische Bedeutung derselben Wörter in dieser Geschichte?
2. Welche anderen Symbole können Sie in der Geschichte finden? Erklären Sie sie!
3. Beschreiben Sie die letzten Stunden und Gedanken im Leben
   a) des altes Mannes
   b) des jungen Mädchens
   c) des jungen Mannes
   d) der alten Frau
   e) des Knaben!
*4. Ist das Thema dieser Geschichte der Tod oder das Leben?
*5. Warum ist es nur dem Knaben möglich, die Glocken zu hören, aber nicht den anderen Personen in der Karawane? Warum darf allein er auferstehen?

Siegfried Lenz

Siegfried Lenz, one of the major contemporary German writers, was born in 1926 in the small town of Lyck in East Prussia, now part of Poland. Lenz studied literature and philosophy before the war and worked for many years as an editor for the Hamburg newspaper *Die Welt.* Since 1951 he has dedicated himself exclusively to his career as a writer and interpreter of modern society. He has written novels, short stories, dramas and essays and has received both the *Bremer Literaturpreis* and the *Gerhart-Hauptmann-Preis.* Many of his major works, such as the novel *Deutschstunde* (1968), are well known in German literature for the description they give of life during the early post-war phase in Germany. These works are characterized by attempts to come to terms with the events of the Nazi regime through personal examination. The television film version of *Deutschstunde* was broadcast in 1970 and was preceded by two other film versions of his works: the novel *Der Mann vom Strom* was filmed in 1958 and the short story *Das Feuerschiff* in 1963. Other novels include *Das Vorbild* (1973) and *Heimatmuseum* (1978). The familiar world of his native Masuria has been captured in his collection of short stories entitled *So zärtlich war Suleyken* (1955). This, too, was made into a film in 1972. *Schissomirs großer Tag* appeared in a children's book entitled *So war das mit dem Zirkus* (1975). These stories all revolve around memories, both real and phantasized, that stem from the pre-war world of Lenz's childhood.

Schissomirs großer Tag

Sie waren beide barfuß, und der eine führte eine °Ziege am °Strick und der andere ein °Kälbchen. So traf man sich an der Kreuzung, und während Ziege und Kalb erstaunt Notiz voneinander nahmen, begrüßten sich die barfüßigen Herren, boten einander °Schnupftabak an und
5 °kamen, ohne viel Worte, überein, diesen Tag einen guten Markttag zu nennen. Denn der Himmel °dehnte die blaue Brust, die °Heuschrecken °zirpten, und in der Luft lag °ein ahnungsvolles Flimmern.

Nachdem also, wie gesagt, der Tag für gut befunden war, °besprenkelten sie °gemeinsam das °Chausseegras, nahmen noch ein °Prischen, und
10 dann rief Herr Plew seine Ziege und Herr Jegelka sein Kalb, und beide wanden sich den Strick um den Hals und °schritten forsch aus, denn Schissomir, der freundliche °Marktflecken, lag sechs Meilen °entfernt.

die Ziege, -n *goat*
der Strick, -e *rope*
das Kälbchen (das Kalb, ¨er) *calf*
der Schnupftabak *snuff*
überein|kommen*, a, o *to come to an agreement*
dehnen *to extend, to expand*
die Heuschrecke, -n *grasshopper, locust*
zirpen *to chirp*
ein ahnungsvolles Flimmern *an expectant shimmer*
besprenkeln *to sprinkle*
gemeinsam *common, together*
die Chaussee, -n *highway lined with trees*
das Prischen (die Prise, -n) *pinch (of snuff)*
forsch aus|schreiten*, i, i *to set out briskly*
der Marktflecken *market town*
entfernt *distant*

Sechs Meilen, das weiß man, sind, mit Ziege und Kälbchen °im Schlepptau, °nicht unbedingt eine Promenade, und so gerieten die Herren, was
15 ihnen keiner °verdenken wird, ins °Fluchen: sie fluchten nach Temperament, das heißt Herr Jegelka mehr als sein Nachbar, denn das Kälbchen, °im Begriff, die Welt zu entdecken, erwies sich als °ausnehmend störrisch, wollte hierhin und dahin, °äugte plötzlich °versonnen auf glitzernde °Tümpel oder auf seinen Gefährten, die Ziege. Diese war alt und
20 °wesentlich williger.

„Es ist", sagte Jegelka, „kein einfacher Weg."

So gingen sie und kamen auf Preise zu sprechen, und Jegelka, dem der °zerrende Strick die Hand schon gerötet hatte, erklärte: „Dieser Weg zum Markt, ich meine den Weg mit dem Kälbchen, ist schon so viel Geld
25 wert wie das Kälbchen °an sich. Darum werde ich es nicht unter dem °üblichen Höchstpreis verkaufen. Ich lasse nicht mit mir handeln, ich °gehe keinen °Groschen vom Preis ab."

„Das kann ich verstehen", sagte Plew, „aber bei meiner Ziege ist es anders. Die ist schon alt, ziemlich °ausgemolken und gerade ihr Fleisch
30 wert. Ich bin froh, wenn jemand °drauf 'reinfällt. Dir kann ich's ja sagen, wir sind ja aus demselben Dorf." „Mir kannst du es sagen", sagte Jegelka, „na, wir wollen mal sehen."

Noch vor Mittag sahen sie Schissomir, den freundlichen Marktflecken, und die Luft war erfüllt von allem, was Ton und Geruch gab. Die Leute
35 waren lustig und lebhaft, °knallten mit °Peitschen, lachten, hatten Stroh an den °Stiefeln, aßen fetten Speck, schauten Pferden ins °Maul und °kniffen °Ferkel in den Rücken, °worauf ein wildes °Quietschen °anhob. Dicke Frauen wurden am Rock gezogen, Kinder °plärrten, Bullen °brummten, eine °Gans war unter eine Herde von °Schafen geraten, so
40 daß einige Schafe unter die Kühe kamen und einige Kühe °sich losrissen und durch die °staubige °Gasse der °Buden °sausten. Und als ein riesiger Mann die Gans einfing, schrie und flatterte sie so laut unter seinen Händen, daß er vor Angst fester °zupackte, und dabei starb die Gans, was wieder die °zungenfertige °Eigentümerin herbeieilen ließ – kurz
45 gesagt, Schissomir, der freundliche Marktflecken, hatte einen seiner großen Tage.

Plew mit der Ziege und Jegelka mit dem Kälbchen waren °alsbald von einigen °Kauflustigen °umlagert, man °stritt und lachte, °klopfte der Ziege das °Euter ab und schaute dem Kälbchen in die °Augenwinkel und
50 Ohren. Plötzlich zog ein Mann, ein kurzer °stämmiger °Viehhändler, einen Briefumschlag heraus, zählte Geld ab, gab das Geld Plew, band sich ohne Eile den Strick um das °Handgelenk und führte die Ziege davon.

Plew °zählte fröhlich das Geld nach, ging dann zu seinem Dorfnachbarn
55 Jegelka hinüber und sagte. „Hosiannah! Die Ziege ist verkauft! Wenn du dich beeilst, können wir, bevor wir nach Hause gehen, uns noch °einen genehmigen." – „Ich könnte", sagte Jegelka, „das Kälbchen längst °los sein. Aber der Weg war °mühselig, und °ich denke nicht daran, mit mir handeln zu lassen. Du brauchst, Nachbar Plew, nicht so

---

im Schlepptau *in tow*
nicht unbedingt *not exactly*
(jemandem) etwas verdenken, a, a *to find fault with, to blame*
fluchen (das Fluchen) *to curse*
im Begriff (sein) *(to be) about to*
ausnehmend störrisch *extremely stubborn*
äugen *to eye*
versonnen *in a daydream*
der Tümpel, - *little puddle*
wesentlich *essential(ly); here: much*
zerren *to pull, to tug*
an sich *for itself*
üblich *usual, customary*
ab|gehen*, i, a von *to budge from*
der Groschen, - *(archaic)* = der Pfennig
ausgemolken *lit.: milked out*
d(a)rauf rein|fallen*, (ä), ie, a *(coll.) to fall into the trap, to fall for something*
knallen *here: to crack*
die Peitsche, -n *whip*
der Stiefel, - *boot*
das Maul, ⸚er *mouth (of an animal)*
kneifen, i, i *to pinch*
das Ferkel, - *pig*
worauf *here: whereupon*
das Quietschen *squealing*
an|heben, u, o *to begin (poetic)*
plärren *to bawl, to cry*
brummen *to growl*
die Gans, ⸚e *goose*
das Schaf, -e *sheep*
sich los|reißen, i, i *to break loose*
staubig *dusty*
die Gasse, -n = die enge Straße
die Bude, -n *stand*
sausen* *to tear around*
zu|packen *to grab, to hold on to*
zungenfertig *voluble*
die Eigentümerin, -nen *owner (der Eigentümer, -)*
alsbald *immediately*
kauflustig *eager to buy (note: the suffix -lustig denotes eagerness to do something)*
umlagern *to surround*
streiten, i, i *to quarrel*
ab|klopfen *to tap*
das Euter, - *udder*
der Augenwinkel, - *corner of the eye*
stämmig *robust*
der Viehhändler, - *cattle dealer*
das Handgelenk, -e *wrist*
Geld nach|zählen *to count the change*
sich (dat.) einen genehmigen *to have a drink*
etwas los sein *to be rid of something*
mühselig *tiresome*
ich denke nicht daran, mit mir handeln zu lassen *I have no intention of making any deals*

mit deinem Kleingeld in der Tasche zu °klimpern. Es macht keinen Eindruck auf mich. °Von mir aus, wenn du willst, kannst du dir einen genehmigen. Ich warte hier, bis jemand den Preis bezahlt, den das Kälbchen und der Weg wert sind. Wenn sich niemand findet, nehme ich das Kälbchen wieder nach Hause."

„Gut", sagte Plew, „so werde ich also, etwas später, hierher kommen, denn der Weg, Nachbar Jegelka, ist weit, und °zu zweit läuft es sich angenehmer."

Plew ging sich einen genehmigen, und dann °schlenderte er schaulustig durch die staubige Gasse der Buden, °wechselte Grüße, °säuberte, wenn ihn das °Schicksal zu nah an den Kühen vorbeigeführt hatte, °gewissenhaft seine Fußsohlen und °erholte sich auf seine Weise. Als er zu Jegelka zurückkam, war der Viehmarkt vorbei, das Kälbchen aber immer noch nicht verkauft. „Du scheinst", sagte Plew, „vom Unglück verfolgt zu sein."

„Es ist nicht das Unglück", sagte Jegelka, „ich will nur das Kälbchen nicht unter Preis verkaufen. Jetzt ist der Markt vorbei. Nun muß ich es wieder nach Hause nehmen. Von mir aus können wir gehen."

Sie °machten sich auf den gemeinsamen Heimweg; der eine zog sein Kälbchen, der andere, der ein Stückchen vorausging, klimperte fröhlich mit seinem Geld in der Tasche und °konnte sich nicht genugtun zu erwähnen, wie glücklich er über den Verkauf der Ziege sei, °zumal sie, bei Licht betrachtet, nur den Wert ihres Fleisches gehabt habe. Das tut Plew mit so viel °Ausdauer, daß Jegelka sich darüber zu ärgern begann; denn er spürte wohl, worauf es sein Nachbar °abgesehen hatte, und darum °verhielt er sich still und dachte nach.

Plötzlich aber blieb Jegelka stehen mit dem Kälbchen, rief Plew zurück und °deutete auf die Erde. Auf der Erde saß, grün und °blinzelnd, ein Frosch, ein schönes, °glänzendes Tierchen.

„Da", sagte Jegelka, „sieh dir diesen Frosch an, Nachbar Plew. Siehst du ihn?"

„Nun", sagte Plew, „Ich sehe wohl."

„Gut", sagte Jegelka, „dann will ich dir einen Vorschlag machen, einen Vorschlag, den du sofort °annehmen wirst. Du hast, Nachbar Plew, deine Ziege glücklich verkauft. Du hast Geld. Du kannst, wenn du willst, nicht nur das Geld vom Markt heimbringen, sondern auch noch mein Kälbchen. Dazu mußt du °allerdings diesen Frosch essen."

„Aufessen?" °vergewisserte sich Plew.

„Aufessen!" sagte Jegelka mit Bestimmtheit.

„Wenn der Frosch in deinem Hals verschwunden ist, kannst du mein Kälbchen an den Strick nehmen."

„Das ist", sagte Plew, „in der Tat ein °hochherziger Vorschlag, und von mir aus ist er angenommen. Ich esse den Frosch, und du gibst mir, Nachbar Jegelka, dein Kälbchen."

---

klimpern *to jangle*
von mir aus *if you like, as far as I'm concerned*

zu zweit läuft es sich angenehmer *it is more pleasant to walk together (by twos)*
schlendern* *to stroll, to saunter*
wechseln *to exchange*
säubern *to clean off*
das Schicksal, -e *lot, fate, here: chance*
gewissenhaft *conscientiously*
sich erholen *to recuperate*

sich auf den Weg machen *to start out*
konnte sich nicht genugtun *he could not resist*
zumal *especially since*
die Ausdauer *perseverance, endurance*
es ab|sehen (ie), a, e auf (+ acc.) *to aim at, to intend to do*
sich still verhalten, (ä), ie, a *to keep quiet, to hold one's peace*

deuten auf (+ acc.) *to point to*
blinzeln *to blink*
glänzen *to shine*

an|nehmen, (i), a, o *to accept*

allerdings *to be sure*
sich vergewissern *to confirm, to assure oneself*

hochherzig *high-minded, noble, magnanimous*

Plew, nachdem er so gesprochen hatte, bückte sich, °schnappte den
105 Frosch und biß ihn mit geschlossenen Augen durch, während Jegelka
ihm mit seltsamer °Genugtuung zusah.

°„Nur zu, Nachbar“, sagte er, „die erste Hälfte, das habe ich gesehen, ist
in deinem Hals verschwunden. Jetzt die °Schenkel.“

„Ich bitte“, sagte Plew °verstört und °mit verdrehten Augen, „mir ein
110 wenig °Aufschub zu °gewähren. Das ist, weil der Magen Zeit finden soll,
sich an den fremden Stoff zu gewöhnen. Können wir nicht, °Gevatter-
chen, ein Stückchen laufen? Ich werde dann, zu gegebener Zeit, die
andere Hälfte essen.“

„Gut“, sagte Jegelka, „damit bin ich °einverstanden.“ Und sie liefen
115 stumm nebeneinander, und °je weiter sie liefen, desto °übler wurde es
Nachbar Plew und desto größer wurde auch seine Gewißheit, daß er die
zweite Hälfte des Frosches nie über die Lippen bringen würde, und er
überlegte °verzweifelt, wie er aus dieser °Lage herauskommen könnte.
Dabei gab er sich aber den °Anschein des °Mutes und der °Zuversicht, so
120 daß Jegelka, der sein Kälbchen nur mehr zur Hälfte besaß, schon zu
°bangen anfing.

Schließlich blieb Plew °unvermutet stehen, hielt dem Nachbarn den halben Frosch hin und sagte: „Nun, Nachbar, wie ist’s? Wir wollen uns
nicht °um Hab und Gut bringen, zumal wir aus demselben Dorf stam-
125 men. Wenn du den Rest des Frosches ißt, verzichte ich auf meinen
°Anspruch, und du darfst dein Kälbchen behalten.“

„Das“, sagte Jegelka glücklich, „ist °echte Nachbarschaft.“ Und er aß
°unter Halszucken und Magenstößen die zweite Hälfte des Frosches,
und das Kälbchen hinter seinem Rücken gehörte nun wieder ganz zu
130 ihm. „So bringe ich °doch noch,“ sagte er mit °verzerrtem Gesicht,
„etwas vom Markt nach Hause.“

Sie zogen nachdenklich ins Dorf, und als sie sich am Kreuzweg °trenn-
ten, sagte Jegelka: „Es war, Nachbar, ein guter Markttag. Nur, weißt
du, warum wir eigentlich den Frosch gegessen haben?“

schnappen	*to grab*
die Genugtuung	*satisfaction*
nur zu	*(coll.) go ahead*
der Schenkel, -	*thigh; here: frog leg*
verstört	*disconcerted*
mit verdrehten Augen	*rolling his eyes*
der Aufschub	*postponement, delay*
gewähren	*to grant*
der Gevatter	(das Gevatterchen): *archaic form of address for a friend or acquaintance*
einverstanden sein (mit)	*to be in agreement with*
je . . . desto	*the . . . the . . .*
es wird mir übel	*I am getting nauseous*
verzweifelt	*desperately*
die Lage, -n = die Situation	
sich (dat.) den Anschein geben, (i), a, e (+ gen.)	*to give the appearance of*
der Mut	*courage*
die Zuversicht	*confidence, faith (in)*
bangen (mir bangt, es bangt mir, etc.)	*to be anxious, to be afraid*
unvermutet	*unexpectedly*
sich um Hab und Gut bringen, a, a	*to lose house and home*
der Anspruch, ⸗e	*claim*
echt	*genuine, true*
unter Halszucken und Magenstößen	*with gagging and stomach cramps*
doch noch	*after all*
verzerrt	*distorted*
(sich) trennen	*to separate*

Fragen zum Inhalt

1. Wohin gehen die beiden Männer und was führen sie am Strick?
2. Warum ist der Weg zum Markt nicht einfach?
3. Weshalb will Jegelka sein Kälbchen nicht billig verkaufen?
4. Warum erwartet Plew keinen hohen Preis für die Ziege?
5. Wann kommen die Männer in Schissomir an, und wie ist die Atmosphäre dort?
6. Warum ruft Plew schon bald nach der Ankunft auf dem Markt „Hosiannah“?
7. Was schlägt er Jegelka vor?
8. Weshalb lehnt Jegelka den Vorschlag ab?
9. Was wird Jegelka tun, wenn er das Kälbchen nicht verkaufen kann?
10. Weshalb beginnt Jegelka, sich auf dem gemeinsamen Nachhauseweg über Plew zu ärgern?
11. Was soll Plew machen, um das Kälbchen von Jegelka zu bekommen?
12. Ißt Plew sofort den ganzen Frosch?

13. Warum bittet er um Aufschub?
14. Warum bemerkt Jegelka nicht, daß Plew verzweifelt ist?
15. Welchen Einfall hat Plew plötzlich?
16. Findet Jegelka diese Idee gut? Was soll er tun?
17. Warum sind beide Männer am Ende zufrieden?

Übungen

I. Sagen Sie „richtig" oder „falsch"! Halten Sie sich an den Inhalt der Geschichte!

1. Zwei Dorfnachbarn gehen zusammen zum Markt.
2. Beide führen ein Kälbchen am Strick.
3. Die Männer tragen neue Schuhe.
4. Das Wetter ist sehr schön.
5. Das Kälbchen ist willig und läßt sich gut führen.
6. Die Ziege ist alt und ziemlich ausgemolken.
7. Die Ziege soll nur zum Höchstpreis verkauft werden.
8. Der Mann mit dem Kälbchen will nicht vom Preis abgehen.
9. Als die Nachbarn in Schissomir ankommen, ist es schon fast Abend.
10. Die Ziege ist schnell verkauft.
11. Die beiden Männer gehen ins Gasthaus, um sich einen zu genehmigen.
12. Als der Markt vorbei ist, nimmt Jegelka sein Kälbchen wieder mit nach Hause.
13. Plew war glücklich über den Verkauf der Ziege.
14. Er sagt dem Nachbarn nichts davon.
15. Jegelka deutet auf einen Frosch.
16. Wenn Plew den Frosch aufißt, soll er dafür das Kälbchen bekommen.
17. Plew ist mit dem Vorschlag nicht einverstanden.
18. Er hat nur den halben Frosch gegessen.
19. Sein Nachbar ißt die andere Hälfte und kann das Kälbchen behalten.

II.

A. Aus welchen zwei Wörtern bestehen die folgenden Substantive? Geben Sie auch die englische Bedeutung an!

Beispiele: der Markttag: der Markt *(market)* + der Tag *(day)*
der Kreuzweg: kreuzen *(to cross)* + der Weg *(road, path)*

das Schlepptau; der Viehhändler; der Briefumschlag; das Handgelenk; das Nachbardorf; die Fußsohle; der Kauflustige.

B. Suchen Sie in jedem Wort das Substantiv und geben Sie die englische Bedeutung an!

Beispiel: barfüßig *(barefoot)* – der Fuß *(foot)*

äugen; zungenfertig; stämmig; mühselig; sich begrüßen

C. Suchen Sie in jedem Wort das Verb und geben Sie die englische Bedeutung an!

Beispiel: der Händler *(dealer)* – handeln *(to deal)*

der Begriff; der Geruch; die Ausdauer; die Tat; einverstanden; der Anschein; lebhaft; erstaunt

D. Suchen Sie in jedem Wort das Adjektiv oder Adverb und geben Sie die englische Bedeutung an!

Beispiel: Die Bestimmtheit *(certainty)* – bestimmt *(certain)*

der Nachbar; der Höchstpreis; die Hälfte; röten

III. Ordnen Sie die Wörter in A und B sinngemäß einander zu!

A		B	
	1. der Groschen	B	a) unerwartet
	2. lustig		b) zusammen
	3. anheben		c) nachdenken
	4. annehmen		d) schlecht
	5. überlegen		e) fröhlich
	6. übel		f) der Pfennig
	7. bangen		g) akzeptieren
	8. der Besitz		h) die Landstraße
	9. die Chaussee		i) das Hab und Gut
	10. unvermutet		j) fürchten
	11. gemeinsam		k) beginnen

IV. Bilden Sie ganze Sätze mit folgenden Wörtern und Ausdrücken!

1. von mir aus
2. herbeieilen
3. sich ärgern (über)
4. (etwas) für gut befinden
5. Notiz nehmen von
6. Eindruck machen auf
7. zu zweit
8. je . . . desto
9. zu gegebener Zeit
10. einverstanden sein (mit)
11. verzichten auf
12. handeln mit

V. Finden Sie für jeden englischen Ausdruck das richtige deutsche Wort und kennzeichnen Sie es im Rätsel durch einen Kreis! *(Der Kreis kann horizontal, vertikal oder diagonal verlaufen.)*

grasshopper	quickly	snuff	(frog's) leg
boot	neck	frog	crossroad
market	to park	pig	to chirp
huge, enormous	tongue	market stand	

```
                                        G
                                          N
                          E       U
                      G       Z I R P E N
                  S C H N U P F T A B A K
                  T F H E U S C H R E C K E
                  I     R   Z     K
                  E K   O       R I E S I G
                  F   T     S C H E N K E L
                  E E K       C       D
                  L   R A S C H   U
                      A K           B
                      M   E
                      H A L S
```

Themen zur Diskussion und schriftlichen Beantwortung

1. Warum haben die beiden Männer den Frosch eigentlich gegessen?
2. Verhalten sich Plew und Jegelka wie gute Nachbarn und Freunde?
*3. Welche Vor- und Nachteile hat Ihrer Meinung nach eine starrsinnige (stubborn) Haltung?
4. Was ist die „Moral" in dieser Geschichte? (Denken Sie daran, daß diese Erzählung aus einem Buch für Kinder stammt!)
5. Haben Sie diese Geschichte gern gelesen? Warum (nicht)?

Heinrich Böll

Heinrich Böll, one of the most prolific and most prominent contemporary West German authors, was born in Cologne in 1917. This Nobel Prize Winner comes from a modest family background. His father was a sculptor and master carpenter. Heinrich Böll started off as an apprentice bookseller, but the war interrupted his work and studies. After spending six years in the infantry and the final months of the war in an American detention camp in eastern France, Böll returned to Germany to resume his literary career.

His works include collections of short stories (*Der Zug war pünktlich*, 1949; *Wanderer kommst du nach Spa*, 1950; *Nicht nur zur Weihnachtszeit*, 1952) and novels (*Wo warst du Adam?* 1951; *Billiard um halb zehn*, 1959; *Gruppenbild mit Dame*,

1971). These works, as well as his many critical essays, deal in a serious, but humorous and sometimes satirical, manner with the problems individuals face in coming to terms with modern society.
Heinrich Böll died in 1985.

Du fährst zu oft nach Heidelberg is the title story of a collection that appeared in 1979. It deals with a former electrician and champion bicycle racer who decided to change his career, returned to school, passed his final examinations and now faces an important interview that will affect his future. Böll confronts the reader with the prejudices many conservative citizens and authority figures in society hold against individuals whose world views are in conflict with their own.

Du fährst zu oft nach Heidelberg

Abends, als er im Schlafanzug auf der °Bettkante saß, auf die Zwölf-Uhr-°Nachrichten wartete und noch eine Zigarette rauchte, versuchte er im Rückblick den Punkt zu finden, an dem ihm dieser schöne Sonntag °weggerutscht war. Der Morgen war sonnig gewesen, frisch, maikühl
5 noch im Juni und doch war die Wärme, die gegen Mittag kommen würde, schon spürbar: Licht und Temperatur erinnerten an vergangene Trainingstage, an denen er zwischen sechs und acht, vor der Arbeit, trainiert hatte.

Eineinhalb Stunden lang war er °radgefahren am Morgen, auf Nebenwe-
10 gen zwischen den °Vororten, zwischen °Schrebergärten und °Industrie-gelände, an grünen Feldern, °Lauben, Gärten, am großen °Friedhof

die Kante, -n *edge*
die Nachrichten *news*

weg|rutschen* *to slip away*

rad|fahren*, (ä) u, a *to ride a bicycle*
der Vorort, -e *suburb*
der Schrebergarten, ⸚: *individually leased community garden plots*
das Gelände *site*
die Laube, -n *pergola, arbour*
der Friedhof, ⸚e *cemetery*

vorbei bis zu den °Waldrändern hin, die schon weit °jenseits der °Stadt-
grenze lagen; auf asphaltierten Strecken hatte er °Tempo gegeben,
°Beschleunigung, Geschwindigkeit getestet, °Spurts eingelegt und
15 gefunden, daß er immer noch gut °in Form war und vielleicht doch
wieder einen Start bei den Amateuren riskieren konnte; in den Beinen
die Freude übers °bestandene Examen und der °Vorsatz, wieder °regel-
mäßig zu trainieren. Beruf, °Abendgymnasium, Geldverdienen, Studium – er hatte wenig dran tun können in den vergangenen drei Jahren;
20 er würde nur einen neuen °Schlitten brauchen; kein Problem, wenn er
morgen mit Kronsorgeler °zurechtkam, und es bestand kein Zweifel,
daß er mit Kronsorgeler zurechtkommen würde.

Nach dem Training Gymnastik auf dem Teppichboden in seiner Bude,
Dusche, frische Wäsche und dann war er mit dem Auto zum Frühstück
25 zu den Eltern hinausgefahren: Kaffee und Toast, Butter, frische Eier
und Honig auf der Terrasse, die Vater ans Häuschen angebaut hatte; die
hübsche Jalousie – ein Geschenk von Karl, und im wärmer werdenden
Morgen der beruhigende, stereotype Spruch der Eltern: „Nun hast du's
ja fast geschafft; nun hast du's ja bald geschafft." Die Mutter hatte
30 „bald", der Vater „fast" gesagt, und immer wieder °der wohlige Rückgriff auf die Angst der vergangenen Jahre, die sie miteinander nicht
°vorgeworfen, die sie miteinander geteilt hatten: über den °Amateurbe-
zirksmeister und Elektriker zum gestern bestandenen Examen, °über-
standene Angst, die anfing, °Veteranenstolz zu werden; und immer wie-
35 der wollten sie von ihm wissen, was dies oder jenes auf spanisch hieß:
°Mohrrübe und Auto, °Himmelskönigin, Biene und °Fleiß, Frühstück,
Abendbrot und Abendrot, und wie glücklich sie waren, als er auch zum
Essen blieb und sie zur Examensfeier am Dienstag in seine Bude einlud:
Vater fuhr weg, um zum Nachtisch Eis zu holen, und er nahm auch noch
40 den Kaffee, obwohl er eine Stunde später bei Carolas Eltern wieder
würde Kaffee trinken müssen; sogar einen °Kirsch nahm er und °plau-
derte mit ihnen über seinen Bruder Karl, die °Schwägerin Hilda, Elke
und Klaus, die beiden Kinder, von denen sie °einmütig glaubten, sie
würden °verwöhnt – mit all dem °Hosen- und Fransen- und Rekorder-
45 kram, und immer wieder dazwischen die wohligen °Seufzer „Nun hast
du's ja bald, nun hast du's ja fast geschafft." Diese „fast", diese „bald"
hatten ihn unruhig gemacht. Er hatte es geschafft! Blieb nur noch die
°Unterredung mit Kronsorgeler, der ihm von Anfang an °freundlich
gesinnt gewesen war.

50 Er hatte doch an der °Volkshochschule mit seinen Spanisch-, am spani-
schen Abendgymnasium mit seinen Deutschkursen Erfolg gehabt.

Später half er dem Vater beim Autowaschen, der Mutter beim
°Unkrautjäten, und als er sich verabschiedete, holte sie noch Mohrrüben, Blattspinat und einen Beutel Kirschen in °Frischhaltepackungen
55 aus ihrem Tiefkühler, packte es ihm in eine °Kühltasche und zwang ihn,
zu warten, bis sie für Carolas Mutter °Tulpen aus dem Garten geholt
hatte; inzwischen prüfte der Vater die °Bereifung, °ließ sich den laufen-
den Motor vorführen, °horchte ihn mißtrauisch ab, trat dann näher ans
°heruntergekurbelte Fenster und fragte: „Fährst du immer noch so oft

der Waldrand, =er *edge of the forest*
jenseits (*+ gen.*) *beyond*
die Stadtgrenze, -n *city limits*
Tempo geben, (i), a, e *to increase speed*
die Beschleunigung *acceleration*
Spurts ein|legen *to spurt ahead*
in Form sein *to be in shape*
ein Examen bestehen, a, a *to pass an*
examination
der Vorsatz, =e *resolution*
regelmäßig *regularly*
das Abendgymnasium, -ien: *German*
high school that meets in the evening
for people who wish to complete their
secondary education in order to be
able to attend a university
der Schlitten, - *sled; here:* (*coll.*) *bicycle*
zurecht|kommen*, a, o mit *to get on well*
with (*someone*)

der wohlige Rückgriff *the satisfying*
recollection
vor|werfen, (i), a, o *to reproach*
der Bezirksmeister, - *regional champion*
überstehen, a, a *to overcome, to sur-*
mount
der Veteranenstolz *the pride of a veteran*
die Mohrrübe, -n *carrot*
die Himmelskönigin *Virgin Mary*
der Fleiß *industriousness*
der Kirsch: *name of a brandy*
plaudern (mit) *to chat*
die Schwägerin, -nen *sister-in-law*
einmütig *unanimously*
verwöhnt *spoiled*
Hosen- und Fransen- und Rekorder-
kram *all that business with trousers*
and dresses and recorders
der Seufzer, - *sigh*
die Unterredung, -en (*official*) *conversa-*
tion
jemandem freundlich gesinnt sein *to be*
well disposed toward s. o.

die Volkshochschule, -n (VHS): *a school*
of continuing education

das Unkrautjäten *weeding*
die Frischhaltepackung, -en *refrigerator*
bag
die Kühltasche, -n *insulated bag*
die Tulpe, -n *tulip*
die Bereifung *tires*
sich etwas vor|führen lassen, (ä), ie, a *to*
let something be shown
ab|horchen *to listen (closely) to*
herunter|kurbeln *to roll down*

nach Heidelberg – und über die Autobahn?" Das sollte so klingen, als gelte die Frage der °Leistungsfähigkeit seines alten, ziemlich °klapprigen Autos, das zweimal, manchmal dreimal in der Woche diese °insgesamt achtzig Kilometer schaffen mußte.

„Heidelberg? Ja, da fahr ich noch zwei-dreimal die Woche hin – es wird noch eine Weile dauern, bis ich mir einen Mercedes leisten kann."

„Ach, ja, Mercedes", sagte der Vater, „da ist doch dieser Mensch von der °Regierung, Kultur, glaube ich, der hat mir gestern wieder seinen Mercedes zur Inspektion gebracht. Will nur von mir °bedient werden. Wie heißt er doch noch?

„Kronsorgeler?"

„Ja, der. Ein sehr netter Mensch – ich würde ihn sogar ohne Ironie vornehm nennen."

Dann kam die Mutter mit dem °Blumenstrauß und sagte: „Grüß Carola von uns, und die °Herrschaften natürlich. Wir sehen uns ja am Dienstag." Der Vater trat, kurz bevor er startete, noch einmal näher und sagte: „Fahr nicht zu oft nach Heidelberg – mit dieser °Karre!"

Carola war noch nicht da, als er zu Schulte-Bebrungs kam. Sie hatte angerufen und °ließ ausrichten, daß sie mit ihren °Berichten noch nicht fertig war, sich aber beeilen würde; man sollte mit dem Kaffee schon anfangen.

Die Terrasse war größer, die Jalousie, wenn auch °verblaßt, °großzügiger, eleganter das Ganze, und sogar in der kaum merklichen °Verkommenheit der Gartenmöbel, dem Gras, das zwischen den °Fugen der roten °Fliesen wuchs, war etwas, das ihn ebenso reizte wie manches Gerede bei Studentendemonstrationen; solches und Kleidung, das waren ärgerliche °Gegenstände zwischen Carola und ihm, die ihm immer vorwarf, zu korrekt, zu bürgerlich gekleidet zu sein. Er sprach mit Carolas Mutter über Gemüsegärten, mit ihrem Vater über Radsport, fand den Kaffee schlechter als zu Hause und versuchte, seine Nervosität nicht zu °Gereiztheit werden zu lassen. Es waren doch wirklich nette, progressive Leute, die ihn völlig °vorurteilslos, sogar offiziell, per °Verlobungsanzeige akzeptiert hatten; inszwischen mochte er sie °regelrecht, auch Carolas Mutter, deren °häufiges °„entzückend" ihm anfangs auf die Nerven gegangen war.

Schließlich bat ihn Dr. Schulte-Bebrung – ein bißchen °verlegen, wie ihm schien – in die Garage und führte ihm sein neu °erworbenes Fahrrad vor, mit dem er morgens regelmäßig ein „paar Runden" drehte, um den Park, den Alten Friedhof herum; ein °Prachtschlitten von einem Rad; er lobte es begeistert, ganz ohne °Neid, bestieg es zu einer Probefahrt rund um den Garten, erklärte Schulte-Bebrung die Beinmuskelarbeit (er erinnerte sich, daß die alten Herren im °Verein immer °Krämpfe bekommen hatten!), und als er wieder abgestiegen war und das Rad in der Garage an die Wand °lehnte, fragte Schulte-Bebrung ihn: „Was denkst du, wie lange würde ich mit diesem Prachtschlitten, wie du ihn nennst, brauchen, um von hier nach – sagen wir Heidelberg zu fahren?" Es

die Leistungsfähigkeit *capacity, efficiency*
klapprig *rattling*
insgesamt *all together*

die Regierung, -en *government*
bedienen *to serve*

der Blumenstrauß, ⸚e *bouquet of flowers*
die Herrschaften *old-fashioned form of address for persons of rank; here: parents*
die Karre, -n = das (alte) Auto *jalopy*

ausrichten lassen (ä), ie, a *to inform s. o.*
der Bericht, -e *report*

verblaßt *faded*
großzügig *grandiose*
die Verkommenheit *run-down condition*
die Fuge, -n *crack*
die Fliese, -n *floortile*

der Gegenstand, ⸚e *object*

die Gereiztheit *irritation*
vorurteilslos *unprejudiced*
die Verlobungsanzeige, -n *engagement announcement*
regelrecht *here: really*
häufig *frequent*
entzückend *adorable*
verlegen *embarrassed*
erwerben, a, o *to obtain, to acquire*

der Prachtschlitten *fantastic bike*
der Neid *envy*

der Verein, -e *club*
der Krampf, ⸚e *cramp*
lehnen *to lean*

klang wie °zufällig, harmlos, zumal Schulte-Bebrung °fortfuhr: „Ich habe nämlich in Heidelberg studiert, hab auch damals ein Rad gehabt und von dort bis hier habe ich damals – noch bei jugendlichen Kräften – zweieinhalb Stunden gebraucht." Er lächelte wirklich ohne °Hinterge-
110 danken, sprach von °Ampeln, °Stauungen, dem Autoverkehr, den es damals so nicht gegeben habe; mit dem Auto, das habe er schon ausprobiert, brauche er ins Büro fünfunddreißig, mit dem Rad nur dreißig Minuten. „Und wie lange brauchst du mit dem Auto nach Heidelberg?" „Eine halbe Stunde."

115 Daß er das Auto erwähnte, nahm der Nennung Heidelbergs ein bißchen das Zufällige, aber dann kam gerade Carola, und sie war nett wie immer, hübsch wie immer, ein bißchen °zerzaust, und man sah ihr an, daß sie tatsächlich todmüde war, und er wußte eben nicht, als er jetzt auf der Bettkante saß, eine zweite Zigarette noch °unangezündet in der
120 Hand, er wußte eben nicht, ob seine Nervosität schon Gereiztheit gewesen, von ihm auf sie übergesprungen war, oder ob sie nervös und gereizt gewesen war – und es von ihr auf ihn übergesprungen war. Sie küßte ihn natürlich, flüsterte ihm aber zu, daß sie heute nicht mit ihm gehen würde. Dann sprachen sie über Kronsorgeler, der ihn so sehr gelobt
125 hatte, sprachen über °Planstellen, die Grenzen des Regierungsbezirks, über Radfahren, Tennis, Spanisch, und ob er eine °Eins oder nur eine Zwei bekommen würde. Sie selbst hatte nur eine °knappe Drei bekommen. Als er eingeladen wurde, zum Abendessen zu bleiben, °schützte er Müdigkeit und Arbeit vor, und niemand hatte ihn besonders °gedrängt,
130 doch zu bleiben; rasch wurde es auf der Terrasse wieder kühl; er half, Stühle und °Geschirr ins Haus zu tragen, und als Carola ihn zum Auto brachte, hatte sie ihn °überraschend °heftig geküßt, ihn umarmt, sich an ihn gelehnt und gesagt: „Du weißt, daß ich dich sehr, sehr gern habe, und ich weiß, daß du °ein prima Kerl bist, du hast nur einen kleinen
135 Fehler: du fährst zu oft nach Heidelberg."

Sie war rasch ins Haus gelaufen, hatte gewinkt, gelächelt, Kußhände geworfen, und er konnte noch im Rückspiegel sehen, wie sie immer noch da stand und heftig winkte.

Es konnte doch nicht °Eifersucht sein. Sie wußte doch, daß er dort zu
140 Diego und Teresa fuhr, ihnen beim Übersetzen von °Anträgen half, beim Ausfüllen von Formularen und °Fragebögen; daß er °Gesuche aufsetzte, °ins Reine tippte; für die Ausländerpolizei, das °Sozialamt, die °Gewerkschaft, die Universität, das °Arbeitsamt; daß es um Schul- und Kindergartenplätze °ging, Stipendien, °Zuschüsse, Kleider, °Erholungs-
145 heime; sie wußte doch, was er in Heidelberg machte, war ein paar Mal mitgefahren, hatte °eifrig getippt und eine erstaunliche Kenntnis von Amtsdeutsch bewiesen; ein paar Mal hatte sie sogar Teresa mit ins Kino und ins Café genommen und von ihrem Vater Geld für einen °Chilenen-Fonds bekommen.

150 Er war statt nach Hause nach Heidelberg gefahren, hatte Diego und Teresa nicht °angetroffen, auch Raoul nicht, Diegos Freund; war auf der Rückfahrt in eine °Autoschlange geraten, gegen neun bei seinem Bruder Karl vorbeigefahren, der ihm Bier aus dem Eisschrank holte, während

---

zufällig *accidentally*
fort|fahren, (ä), u, a *to continue to speak*

der Hintergedanke, -n *ulterior motive*
die Ampel, -n *traffic light*
die Stauung, -en *traffic jam*

zerzaust *unkempt*

unangezündet *unlit*

die Planstelle, -n: *permanent established position or post*
eine Eins, Zwei, Drei, etc.: *grading system in German speaking countries; one is the highest grade, six is the lowest*
knapp *just barely*
vor|schützen *to pretend*
drängen *to urge*

das Geschirr *dishes*
überraschend *unexpectedly*
heftig *vigorously*
ein prima Kerl *a very great guy*

die Eifersucht *jealousy*
der Antrag, ⸗e *application form*
der Fragebogen, ⸗ *questionnaire*
ein Gesuch auf|setzen *to make a written request*
ins Reine tippen *to type in final form*
das Sozialamt, ⸗er (das Amt, ⸗er *office, bureau*) *welfare office*
die Gewerkschaft, -en *union*
das Arbeitsamt, ⸗er *labor office*
es geht* um, i, a *it has to do with*
der Zuschuß, ⸗sse *subsidy, contribution*
das Erholungsheim, -e: *house for people (particularly children) who need to recuperate*
eifrig *energetically*
der Chilene, -n *a man from Chile*
der Fonds, - *foundation, philanthropic fund*
antreffen, (i) a, o *to meet up with s. o.*
die Schlange, -n *snake, here: long line*

Hilde ihm °Spiegeleier °briet; sie sahen gemeinsam im Fernsehen eine
Reportage über die Tour de Suisse, bei der Eddy Merckx keine gute
Figur machte, und als er wegging, hatte Hilde ihm einen Papiersack voll
°abgelegter Kinderkleider gegeben für „diesen °spirrigen netten Chilenen und seine Frau."

das Spiegelei, -er fried egg
braten, (ä), ie, a to fry

abgelegte Kleider cast off clothing
spirrig = dünn, dürr thin, skinny

Nun kamen endlich die Nachrichten, die er mit halbem Ohr nur hörte:
er dachte an die Mohrrüben, den Spinat und die Kirschen, die er noch
ins °Tiefkühlfach packen mußte; er zündete die zweite Zigarette doch
an: irgendwo – war es Irland? – waren °Wahlen gewesen: °Erdrutsch;
irgendeiner – war es wirklich der °Bundespräsident? – hatte irgendwas
sehr Positives über Krawatten gesagt; irgendeiner ließ irgendwas
°dementieren; die °Kurse stiegen; Idi Amin blieb verschwunden.

das Tiefkühlfach freezer part of refrig-
erator
die Wahl, -en election
der Erdrutsch, -e landslide
der Bundespräsident President of the
Federal Republic of Germany
dementieren to deny, to contradict
der Kurs, -e course here: rate of ex-
change
der Becher, - cup

Er rauchte die zweite Zigarette nicht zu Ende, drückte sie in einem halb
leergegessenen °Yoghurtbecher aus; er war wirklich todmüde und
schlief bald ein, obwohl das Wort Heidelberg in seinem Kopf rumorte.

Er frühstückte frugal: nur Brot und Milch, räumte auf, duschte und zog
sich °sorgfältig an; als er die Krawatte umband, dachte er an den Bun-
despräsidenten – oder war's der °Bundeskanzler gewesen? Eine Viertelstunde vor der Zeit saß er auf der Bank vor Kronsorgelers Vorzimmer,
neben ihm saß ein Dicker, der °modisch und °salopp gekleidet war; er
kannte ihn von den Pädagogikvorlesungen her, seinen Namen wußte er
nicht. Der Dicke flüsterte ihm zu: „Ich bin Kommunist, du auch?"

sorgfältig carefully
der Bundeskanzler Chancellor of the
Federal Republic of Germany

modisch in style
salopp casually

„Nein", sagte er, „nein, wirklich nicht – nimm's mir nicht übel."

Der Dicke blieb nicht lange bei Kronsorgeler, machte, als er herauskam
eine °Geste, die wohl „aus" bedeuten sollte. Dann wurde er von der
Sekretärin hineingebeten; sie war nett, nicht mehr ganz so jung, hatte
ihn immer freundlich behandelt – es überraschte ihn, daß sie ihm einen
°aufmunternden Stubs gab, er hatte sie für zu °spröde für so etwas gehalten. Kronsorgeler °empfing ihn freundlich; er war nett, konservativ,
aber nett; objektiv; nicht alt, höchstens Anfang vierzig, °Radsportan-
hänger, hatte ihn sehr °gefördert, und sie sprachen erst über die Tour de
Suisse; ob Merckx geblufft habe, um bei der Tour de France °unter-
schätzt zu werden, oder ob er wirklich °abgesunken sei; Kronsorgeler
meinte, Merckx habe geblufft; er nicht, er meinte, Merckx sei wohl
wirklich fast am Ende, gewisse °Erschöpfungsmerkmale könne man
nicht bluffen. Dann über die Prüfung; daß sie lange überlegt hätten, ob
sie ihm doch eine Eins geben könnten; es sei an der Philosophie
°gescheitert; aber sonst: die °vorzügliche Arbeit an der VHS, am Abendgymnasium; keinerlei °Teilnahme an Demonstrationen, nur gäbe es –
Kronsorgeler lächelte wirklich °liebenswürdig – einen einzigen, einen
kleinen Fehler.

die Geste, -n gesture
einen aufmunternden Stubs an encour-
aging nudge
spröd(e) coy, prim
empfangen, (ä), i, a to receive
der Radsportanhänger, - bicycle racing
fan
fördern to promote
unterschätzen to underestimate
ab|sinken, a, u to sink; here: to do less*
well
das Erschöpfungsmerkmal, -e sign of
exhaustion
scheitern an (+ dat.) to fail, to run
aground
vorzüglich excellent
die Teilnahme participation
liebenswürdig charming

„Ja, ich weiß", sagte er, „ich fahre zu oft nach Heidelberg." Kronsorgeler wurde fast rot, jedenfalls war seine Verlegenheit °deutlich; er war ein
°zartfühlender, °zurückhaltender Mensch, fast °schüchtern, Direkthei-
ten °lagen ihm nicht.

deutlich clear
zartfühlend sensitive, considerate
zurückhaltend reserved
schüchtern shy
(etwas) liegt mir (dir, etc.) nicht it does
not appeal to me, it is not in my line

„Woher wissen Sie?"

79

200 „Ich höre es von allen Seiten. Wohin ich auch komme, mit wem ich auch spreche. Mein Vater, Carola, deren Vater, ich höre nur immer: Heidelberg. Deutlich höre ich's, und ich frage mich: wenn ich die °Zeitansage anrufe oder die Bahnhofs-°Auskunft, ob ich nicht hören werde: Heidelberg."

die Zeitansage, -n *time announcement on the telephone*
die Auskunft, ⸚e *information*

205 Einen Augenblick lang sah es so aus, als ob Kronsorgeler aufstehen und ihm beruhigend die Hände auf die Schulter legen würde, erhoben hatte er sie schon, senkte die Hände wieder, legte sie flach auf seinen Schreibtisch und sagte: „Ich kann Ihnen nicht sagen, wie peinlich mir das ist. Ich habe Ihren Weg, einen schweren Weg mit Sympathie °verfolgt, aber es
210 liegt da ein Bericht über diesen Chilenen vor, der nicht sehr °günstig ist. Ich darf diesen Bericht nicht ignorieren, ich darf nicht. Ich habe nicht nur °Vorschriften, auch °Anweisungen, ich habe nicht nur °Richtlinien, ich bekomme auch telefonische °Ratschläge. Ihr Freund – ich nehme an, er ist Ihr Freund?"

verfolgen *to follow*
günstig *favorable*
die Vorschrift, -en *rule, direction*
die Anweisung, -en *direction, instruction*
die Richtlinie, -n *guideline*
der Ratschlag, ⸚e (= der Rat) *advice*

215 „Ja."

„Sie haben jetzt einige Wochen lang viel freie Zeit. Was werden Sie tun?"

„Ich werde viel trainieren – wieder radfahren, und ich werde oft nach Heidelberg fahren."

220 „Mit dem Rad?"

„Nein, mit dem Auto."

Kronsorgeler seufzte. Es war °offensichtlich, daß er litt, echt litt. Als er ihm die Hand gab, flüsterte er: „Fahren Sie nicht nach Heidelberg, mehr kann ich nicht sagen." Dann lächelte er und sagte: „Denken Sie an Eddy
225 Merckx."

offensichtlich *evident*

Schon als er die Tür hinter sich schloß und durchs Vorzimmer ging, dachte er an Alternativen: Übersetzer, °Dolmetscher, Reiseleiter, Spanischkorrespondent bei einer °Maklerfirma. Um °Profi zu werden, war er zu alt, und Elektriker gab's inzwischen genug. Er hatte vergessen,
230 sich von der Sekretärin zu verabschieden, ging noch einmal zurück und winkte ihr zu.

der Dolmetscher, - *interpreter*
der Makler, - *real estate agent*
der Profi, -s *professional sportsman*

Fragen zum Inhalt

1. Warum versucht der junge Mann am Sonntag Abend, sich diesen Tag nochmals vor Augen zu führen?
2. Wie hat er den frühen Morgen verbracht?
3. Warum konnte er in den letzten drei Jahren nicht regelmäßig trainieren?
4. Wovon sprechen die Eltern beim Frühstück und Mittagessen mit dem Sohn? (Warum machen sie ihn unruhig?)
5. Wie hat der junge Mann in den vergangenen Jahren sein Geld für das Studium verdient?
6. Welchen Beruf hat der Vater höchstwahrscheinlich?
7. Wer ist Kronsorgeler? Was sagt der Vater über ihn?
8. Welchen Rat gibt der Vater dem Sohn, bevor er mit seinem alten Auto wegfährt?
9. Weshalb ist er beim Kaffee mit Carolas Eltern nervös?
10. Welche Frage stellt Carolas Vater dem zukünftigen Schwiegersohn, nachdem sie das neue Fahrrad bewundert haben?
11. Beschreiben Sie Carola! Wo hat sie ihren Verlobten wahrscheinlich kennengelernt?
12. Welchen Fehler hält sie ihrem Verlobten vor?
13. Was macht der junge Mann gewöhnlich, wenn er in Heidelberg ist?
14. Was kann man über die finanzielle Lage der Chilenen-Freunde sagen?
15. Wie verbringt der junge Mann den Sonntag Abend?
16. Wohin geht er am Montag Morgen?
17. Was verbindet Kronsorgeler mit dem jungen Mann?
18. Welche Note hat der junge Mann für das bestandene Examen erhalten, und warum hat man ihm keine „Eins" gegeben?
19. Von welchem „kleinen Fehler" spricht – wenn auch lächelnd und liebenswürdig – Kronsorgeler?
20. Wie entschuldigt er sich indirekt bei dem jungen Mann?
21. Warum gibt auch er den Rat, nicht nach Heidelberg zu fahren?

Übungen

I. Wie heißt das Antonym?

1. sich verabschieden
2. damals
3. holen
4. progressiv
5. altmodisch
6. objektiv
7. die Wärme
8. häufig
9. der Zweifel
10. regelmäßig
11. der Amateur

II. Ordnen Sie die Wörter in A und B sinngemäß einander zu!

A		B	
1.	riskieren	a)	der Club
2.	die Karre	b)	charmant
3.	die Mohrrübe	c)	das Examen
4.	der Verein	d)	das (alte) Auto
5.	vorzüglich	e)	gar kein(e)
6.	die Unterredung	f)	wagen
7.	die Reportage	g)	das Zeug
8.	die Prüfung	h)	der Antrag
9.	keinerlei	i)	ausgezeichnet
10.	das Gesuch	j)	die Karotte
11.	der Kram	k)	der Bericht
12.	liebenswürdig	l)	das Gespräch

III. A. Suchen Sie in jedem Wort das Substantiv und geben Sie die englische Bedeutung an!

Beispiel: sonnig *(sunny)* – die Sonne *(the sun)*

regelmäßig; gesinnt; tatsächlich; sorgfältig

B. Suchen Sie in jedem Wort das Verb und geben Sie die englische Bedeutung an!

Beispiel: liebenswürdig *(charming)* – lieben *(to love)*

der Schlafanzug; spürbar; die Wäsche; der Spruch; der Rückgriff; die Unterredung; die Leistungsfähigkeit; die Wahl; die Teilnahme; der Fehler; das Gesuch; offensichtlich; die Vorschrift

C. Suchen Sie in jedem Wort das Adjektiv oder Adverb und geben Sie die englische Bedeutung an!

Beispiel: aufmunternd *(encouraging)* – munter *(cheerful)*

die Wärme; beruhigend; wohlig; die Runde; die Nervosität; die Rückfahrt

IV. Erklären Sie die folgenden Wörter auf deutsch!

Beispiel: Das Spiegelei: Das Spiegelei ist ein Ei, das in der Pfanne gebraten ist.

1. der Dolmetscher
2. der Reiseleiter
3. der Makler
4. der Fragebogen
5. der Vorort
6. der Friedhof

7. das Abendgymnasium
8. die Schwägerin
9. die Gewerkschaft
10. das Arbeitsamt
11. die Autoschlange

V. Erzählen Sie die Geschichte mit eigenen Worten nach und sagen Sie dabei etwas über:

1. den erlernten Beruf des Protagonisten, das Hobby, Studium und Geldverdienen vor dem Examen
2. das Frühstück bei den Eltern
3. den Besuch bei Carolas Eltern und die Unterhaltung mit Carola
4. die Freunde in Heidelberg
5. die Unterredung mit Kronsorgeler
6. den „kleinen Fehler"

Themen zur Diskussion und schriftlichen Beantwortung

1. Welches Bild machen Sie sich von
   a) der Hauptfigur in dieser Erzählung (Alter, Charakter, politische Anschauung, soziales Verhalten, usw.)
   b) seinen Freunden in Heidelberg?
2. Warum soll sich der junge Mann von den Freunden aus Chile distanzieren?
3. Was ist der Zweck des Besuches bei Kronsorgeler?
4. Warum warnt Kronsorgeler am Ende der Unterredung: „Denken Sie an Eddy Merckx"?
*5. Welches Verhältnis hat der Protagonist zu anderen Personen in der Geschichte (zu seinen Eltern, zu Carola und ihren Eltern, zu Kronsorgeler)?
*6. Inwiefern ist diese Geschichte gesellschaftskritisch? Was ist das gesellschaftliche Problem, das hier behandelt wird?
7. Nennen Sie einige Probleme, mit denen Ausländer, die sich in einem fremden Land niederlassen, konfrontiert werden!

Wörterverzeichnis

The following vocabulary list is complete with the exception of numerals, days of the week, months of the year, *da-* and *wo-*compounds where they do not have an extended meaning, obvious cognates and words that have been glossed in the margin unless they are used again in the questions, exercises and topics.

The plural endings of nouns and the genitive singular endings of irregular nouns are indicated in the usual manner.

The principle parts of strong verbs and irregular verbs are shown by the *ablaut* vowels. Verbs followed by *(ist)* are conjugated with *sein* in the perfect tenses. Separable prefixes are indicated by a slash after the prefix.

The following abbreviations have been used:

Akk., acc.	= accusative
coll.	= colloquial
Dat., dat.	= dative
Gen., gen.	= genitive
lit.	= literally
s. o.	= someone

A

ab und zu: now and then
der **Abend, -e:** evening
das **Abendbrot:** evening meal, supper
das **Abendrot:** sunset sky, evening glow
abends: in the evening
aber: but
abfahrbereit: ready to depart
ab|fahren, (ä), u, a (ist): to drive away
die **Abfahrt, -en:** departure
ab|gehen, i, a (ist) an (+ Akk.): to go off to; **ab|gehen von:** to budge from
jemandem etwas **ab|gewöhnen:** to get s. o. out of the habit
ab|holen: to pick up
ab|lehnen: to refuse, to reject; to dislike
ab|reisen (ist): to depart
ab|schicken: to send off
der **Abschied:** departure
der **Abschluß, -sse:** end, conclusion
ab|schneiden, i, i: to cut off
der **Abschnitt, -e:** section, segment, paragraph
die **Abschrift, -en:** copy
die **Absicht, -en:** intention, intent
absichtlich: intentional(ly), deliberate(ly)
der **Abstand, -e:** distance
ab|steigen, ie, ie (ist): to climb down
die **Abstellkammer, -n:** storage room
das **Abteil, -e:** compartment (on a train)
ab|warten = warten
ab|wehren: to ward off
ab|winken: to decline (with a wave of the hand)
achten auf (+ Akk.): to pay attention to, to watch
die **Ahnung, -en:** presentiment, hunch, idea, notion; **keine Ahnung haben:** to have no idea
ahnungsvoll: expectant(ly)

allein: alone
allerdings: to be sure; **allerdings kaum:** but only slightly
alles: all, everything
als: as, when; **es ist** (mir, dir, etc.) **als ob:** it feels as if
alsbald: immediately
also: therefore, thus, consequently
alt: old
das **Alter:** age
altmodisch: old-fashioned
das **Amt, -er:** governmental office, bureau
an: on, at, near
an sich: for itself, per se
an|bieten, o, o: to offer
an|brennen, a, a: to light up (a cigarette), to set fire to, to burn
ander-: another, other
ändern: to change (something); **sich ändern:** to change
anders: different(ly)
an|deuten: to hint at
an|fahren, (ä), u, a (ist): to start to move
der **Anfang, -e:** beginning
an|fangen, (ä), i, a: to begin
anfangs: in the beginning
an|geben, (i), a, e: to indicate, to declare, to state; to show off
an|brechen, (i), a, o: to break open; to dawn
angenehm: pleasant(ly)
die **Angst, -e:** anxiety, fear; **Angst haben:** to be anxious or afraid
an|halten, (ä), ie, a: to stop, to hold up; to last
anhand (+ Gen.): on the basis of
an|heben, u, o: (poetic) to begin
an|kommen, a, o (ist): to arrive
die **Ankunft:** arrival

an|nehmen, (i), a, o: to accept; to assume
an|rücken (ist): to start to move with a jerk
an|rufen, ie, u: to telephone
die **Anschauung, -en:** view, idea, opinion
der **Anschein:** appearance, semblance; **sich** (Dat.) **den Anschein geben** (+ Gen.): to give the appearance of
anschließend: after that, subsequent(ly)
die **Anschrift, -en:** address
(jemanden) **an|sehen,** (ie), a, e: to look at (a person); (jemanden) **starr an|sehen:** to stare at (a person)
die **Ansicht, -en:** view, opinion
der **Anspruch, -e:** claim
(jemanden) **an|sprechen,** (i), a, o: to address, to speak to (a person)
anständig: decent(ly)
anstatt (+ Gen.): instead of
an|treffen, (i), a, o: to meet up with
die **Antwort, -en:** answer
antworten (+ Dat.): to answer
die **Anzahl:** number, quantity
(sich) **an|ziehen,** o, o: to dress, to get dressed
die **Arbeit, -en:** job, assignment, work
arbeiten: to work
ärgerlich: annoying(ly)
sich **ärgern:** to be annoyed
arm: poor
die **Art, -en:** kind, sort
der **Arzt, -e:** physician
die **Asche:** ashes
der **Ast, -e:** branch
atmen: to breathe
auch: also, too
auf: on, on top of; in; **auf einmal:** all of a sudden; **auf sein:** to be up

auf|bewahren: to keep, to preserve

auf|blicken: to look up

der **Aufenthalt,** -e: stay, sojourn

auferstehen, a, a (ist): to rise from the dead

auf|essen, (i): a, e: to eat up

auf|fallen, (ä), ie, a (ist): to strike, to be striking, to be conspicuous; **einem auf|fallen:** to catch one's attention

die **Aufgabe,** -n: assignment, job, task

auf|geben, (i), a, e: to send (by train); to give up

aufgeregt: excited(ly)

auf|halten, (ä), ie, a: to hold up

auf|hören: to end, to stop

auf|machen: to open; **sich auf|machen:** to set out, to prepare to start

aufmerksam machen auf (+ Akk): to draw attention to

auf|nehmen, (i), a, o: to take up

auf|räumen: to clean up, to tidy up

auf|schlagen, (ä), u, a: to open (a book)

auf|schließen, o, o: to open, to unlock

der **Aufschub:** postponement, delay

auf|stehen, a, a (ist): to get up, to stand up

auf|steigen, ie, ie (ist): to climb up

der **Aufstieg,** -e: rise, upward climb in one's profession

das **Auge,** -n: eye

der **Augenblick,** -e: moment

der **Augenwinkel,** -: corner of the eye

aus (+ Dat.): out of, from

sich aus|breiten: to spread out

die **Ausdauer:** perseverance, endurance

der **Ausdruck,** ⁼e: expression

aus|drücken: to express

die **Ausdrucksweise,** -n: way of expressing oneself, means of expression

auseinander|laufen, (äu), ie, au (ist): to separate, to go separate ways

aus|füllen: to fill out

ausgerechnet: of all places, of all things

ausgeschlossen: out of the question

ausgezeichnet: excellent(ly), outstanding

aus|halten, (ä), ie, a: to bear, to endure

die **Auskunft,** ⁼e: information

(jemanden) **aus|lachen:** to laugh at a person, to laugh in someone's face

der **Ausländer,** - (die **Ausländerin,** -nen): foreigner

aus|lesen, (ie), a, e: to read to the end, to finish reading

(etwas) **aus|machen:** to agree upon (something), to figure out

die **Ausnahme,** -n: exception

aus|probieren: to try out, to test out

die **Ausrede,** -n: excuse

sich etwas aus|reden: to talk oneself out of something

sich aus|ruhen: to rest up, to become rested

aus|schreiten, i, i (ist): to set out, to walk

aus|sehen, (ie), a, e: to look, to have the appearance of

das **Aussehen:** outward appearance

das **Äußere:** external appearance

(sich) **äußern:** to express an opinion, to utter

die **Äußerung,** -en: remark, expression, mention

aus|steigen, ie, ie (ist): to climb or get out

aus|suchen: to choose

aus|üben: to practice, to perform, to exert; **Gewalt aus|üben auf** (+ Akk.): to exercise power over

ausverkauft: sold out

aus|wählen: to choose, to select

aus|weichen, i, i (ist) (+ Dat.): to side-step, to evade

B

baden: to bathe

die **Bahn,** -en: (train) track; railway

der **Bahnhof,** ⁼e: train station

der **Bahnsteig,** -e: platform

bald: soon

der **Band,** ⁼e: volume of a book

bangen (+ Dat.): to be anxious, to be afraid (mir bangt, es bangt mir)

die **Bank,** ⁼e: bench; -en: bank

der **Bankauszug,** ⁼e: bank statement

barfuß: barefoot

der **Baum,** ⁼e: tree

sich bedanken (für): to express one's thanks for something

bedeuten: to mean, to signify

die **Bedeutung,** -en: meaning, significance

bedienen: to serve

die **Bedingung,** -en: condition, stipulation

das **Bedürfnis,** -se: need

sich beeilen: to hurry

beenden: to end, to finish

(jemanden) **befallen,** (ä), ie, a (ist): to befall, to happen to a person

befinden, a, u (für): to find, to evaluate; **sich befinden:** to be situated, to be

befragen: to question

begegnen (+ Dat.): to meet

die **Begegnung,** -en: meeting, encounter

begeistert: enthusiastic, excited

die **Begeisterung:** enthusiasm, excitement

beginnen, a, o: to begin

begreifen, i, i: to understand, to comprehend

der **Begriff,** -e: concept; **im Begriff (sein):** (to be) about to

begründen: to give reasons for

begrüßen: to greet

die **Begrüßung,** -en: greeting

behalten, (ä), ie, a: to keep, to retain

behandeln: to treat

(jemandem) **behilflich sein:** to be helpful to a person

bei (+ Dat.): by, at, with, at the house of, near

beide: both

der **Beifall:** applause

beifallsfroh: eager to applaud

das **Bein,** -e: leg

beisammen|sitzen, a, e: to sit together

beiseite: to the side, aside

das **Beispiel,** -e: example

bejahen: to affirm

bekannt: familiar, known, well-known

sich (jemandem) bekannt|machen: to introduce oneself, to make oneself known (to s. o.)

die **Bekanntschaft,** -en: acquaintance

bekennen, a, a: to confess, to admit

bekommen, a, o: to get, to receive

bemerken: to notice

die **Bemühung,** -en: effort

sich benehmen, (i), a, o: to behave, to conduct oneself

beneiden: to envy

benutzbar: usable

benutzen: to use

beobachten: to observe

bequem: comfortable

bereit: ready

bereits: already

bereit|stellen: to set out (food)

der **Berg,** -e: mountain

der **Bergsteiger,** -: mountain climber

der **Bericht,** -e: report

der **Beruf,** -e: career

das **Berufsleben:** professional life

beruhigen: to calm, to comfort

berühren: to touch

beschaffen sein: to be constituted

sich beschäftigen mit: to occupy oneself with

beschimpfen: to call names, to cuss

beschreiben, ie, ie: to describe

die **Beschreibung,** -en: description

sich beschweren: to complain

sich besehen, (ie), a, e in (+ Dat.): to look at oneself in

besichtigen: to visit, to look at

besitzen, a, e: to own, to possess

besonders: especially, particularly

besser: better

bestehen, a, a aus: to consist of; **es besteht nicht die leiseste Aussicht:** there is not the slightest chance; **ein**

Examen bestehen: to pass an examination

besteigen, ie, ie: to climb on or onto

sich etwas bestellen: to order (for oneself)

bestimmt: sure(ly), definite(ly), certain(ly)

die Bestimmtheit: definiteness, certainty

der Besuch, -e: visit

der Besucher, -: visitor

betrachten: to look at, to consider

betreten, (i), a, e: to enter

das Bett, -en: bed

sich beugen über (+ Akk.): to bend over

der Beutel, –: bag

bevor: before

bewahren: to keep, to preserve

sich bewegen: to move

die Bewegung, -en: movement

beweisen, ie, ie: to prove, to demonstrate

der Bewohner, -: inhabitant

bewundern: to admire

bezahlen: to pay

bezeichnen: to designate, to call

die Bezeichnung, -en: designation, name

der Bezirk, -e: region, administrative district

die Bibliothek, -en: library

die Biene, -n: bee

das Bild, -er: picture

bilden: to form, to build, to make

billig: cheap(ly), inexpensive(ly)

binden, a, u: to bind

bis: until, up to

ein bißchen: a little (bit)

der Bissen, -: bit, morsel, nibble

bitte: please; thank you; pardon me

die Bitte, -n: request, plea

bitten, a, e um (+ Akk.): to request, to ask for

blaß: pale

der Blattspinat: spinach

blau: blue

bleiben, ie, ie (ist): to stay, to remain

blenden: to blind

der Blick, -e: glance

blicken: to look, to glance

der Blödsinn: nonsense

der Boden, ⸗: floor

der Bogen, -: arch

die Bohne, -n: bean

die Bombenstellung, -en: (coll.) fantastic job

böse: angry, mad

brauchen: to need

die Braue, -n (die Augenbraue, -n): eyebrow

brennen, a, a: to burn

der Brief, -e: letter

der Briefkasten, ⸗: mailbox

die Brieftasche, -n: wallet

der Briefträger, -: postman, mailman

der Briefumschlag, ⸗e: envelope

die Brille, -n: eyeglasses

bringen, a, a: to bring; **es zu etwas bringen:** to succed in one's profession; **jemanden zu etwas bringen:** to motivate s. o. to do something

der Bruder, ⸗: brother

die Brust, ⸗e: chest, breast

das Brot, -e: bread

die Brücke, -n: bridge

das Buch, ⸗er: book

der Bücherfreund, -e: bookworm, a person who likes to read

der Buchhändler, -: bookstore proprietor

die Buchhandlung, -en: bookstore

der Buchstabe, -n: letter

sich bücken: to stoop

die Bude, -n: booth, stand; (coll.) small room

die Bühne, -n: stage

der Bühnenarbeiter, -: stage worker

das Bühnenhaus, ⸗er: playhouse

bummeln: to stroll

das Bündel, -: bundle, bunch

bürgerlich: bourgeois, middle class

das Büro, -s: office, bureau

bürsten: to brush

C

charmant: charming(ly)

die Chaussee, -n: highway lined with trees

der Chinese, -n: a man from China

D

da: since; there

dabei: but, yet, at the same time, in so doing

das Dach, ⸗er: roof

dafür: (coll.) instead

dahin|gehen, i, a (ist): to go along; to pass away, to die

damals: then, at that time

damit: so that, with that

danach: after that, following that

danke: thank you, thanks

danken (+ Dat.): to thank

dann: then

daß: that (conjunction)

das Datum, Daten: date

die Dauer: duration

dauern: to last, to continue

der Deckel, -: lid, cover

decken: to cover

dehnen: to expand; **sich dehnen:** to extend, to stretch

denken, a, a: to think; **denken an (+ Akk.):** to think of; **denken über (+ Akk.):** to think about, to think over; **sich (Dat.) denken:** to think up, to think to oneself

denn: because, since, for

dennoch: nevertheless, still

deprimiert: depressed

der-, die-, dasselbe: the same

deshalb: therefore, for this (that) reason

deuten auf (+ Akk.): to point to, to indicate

deutlich: clear(ly), distinct(ly)

dichten: to write poetry

dick: fat, thick

diesmal: this time

das Ding, -e: thing

diskutieren: to discuss

sich distanzieren von: to distance oneself from

doch: to be sure, indeed, certainly, on the contrary

doch noch: after all

der Dom, -e: cathedral

Donnerwetter!: Hot dog! Wow! What do you know!

das Doppelhaus, ⸗er: semi-detached house

das Dorf, ⸗er: village

dort: there, over there

dran sein: (coll.) **ich bin dran:** it's my turn

drängen: to push, to urge

draußen: outside

drehen: to turn, to revolve; **sich drehen:** to revolve, to turn around (in circles)

die Drehtür, -en: revolving door

dringend: urgent(ly)

drohen: to threaten

der Druck, ⸗e: pressure

drücken: to press

duften: to smell pleasantly

keinen Aufschub dulden: to be urgent (lit.: to allow no postponement)

dumm: dumb, stupid

die Düne, -n: dune, sandhill

dunkel: dark

das Dunkel: the dark, darkness

die Dunkelheit: darkness

dünken (+ Dat.): to appear to a person as (es dünkt mir: it seems to me)

dünn: thin, slender

Dur: major key (musical term)

durch (+ Akk.): through, by

durch|beißen, i, i: to bite through

durch|blättern: to leaf through

durch|lassen, (ä), ie, a: to let (pass) through

durch|schauen: to look through

dürfen, (a), u, u: to be allowed to
die **Dusche,** -n: shower
(sich) **duschen:** to take a shower

E

eben: simply, just; (coll.) precisely
ebenfalls: likewise
echt: genuine, true
ehe = bevor
die **Ehe,** -n: marriage
ehemalig: former
das **Ei,** -er: egg
der **Eierkuchen,** -: pancake
der **Eifer:** zeal, enthusiasm
die **Eifersucht:** jealousy
eigen-: one's own
eigensinnig: stubborn(ly), obstinate(ly)
eigentlich: actual(ly)
die **Eile:** haste, hurry
eilen: to hurry
eilig: hastily, with haste, in a hurry
sich etwas **ein|bilden:** to imagine, to picture to oneself
ein|dringen, a, u (ist) in (+ Akk.): to penetrate, to enter into
eindringlich: penetrating(ly), urgent(ly), insistent(ly)
der **Eindruck:** ⁼e: impression
einfach: simple, simply, uncomplicated(ly)
der **Einfall,** ⁼e: idea, insight, hunch
die **Eingangstür,** -en: entrance door
ein|gehen, i, a (ist) in (+ Akk.): to enter into
ein|holen: to catch up to
einige: several, a few
ein|kaufen: to shop
der **Einkaufsleiter,** -: purchasing manager
ein|laden, (ä), u, a: to invite
die **Einladung,** -en: invitation
einmal: once, at one time
sich **ein|ordnen:** to fit in, to take one's place
ein|richten: to furnish
ein|steigen, ie, ie, (ist) in: to get into, to climb into
die **Einstellung,** -en: attitude
ein|teilen: to divide up carefully
die **Eintönigkeit:** monotony, sameness
ein|treten, (i), a, e, (ist) in (+ Akk.): to enter into
einverstanden sein (mit): to be in agreement (with)
die **Einzelheit,** -en: detail
einzig: only, single, sole
das **Eis:** ice cream, ice
der **Eisschrank,** ⁼e: refrigerator, ice box
die **Eltern** (plural): parents

das **Ende:** end
enden: to end
endlich: finally, at last
der **Enkel,** -: grandchild, descendant
das **Enkelkind,** -er: grandchild
entdecken: to discover
entfernen: to remove
entfernt: distant
die **Entfernung,** -en: distance
entgegen|nehmen, (i), a, o: to take in exchange
entgegen|sehen, (ie), a, e (+ Dat.): to expect, to await
enthalten, (ä), ie, a: to contain
entlang (+ Akk.): along, down
sich **entscheiden,** ie, ie: to decide
die **Entscheidung,** -en: decision
entschlossen sein: to be determined
der **Entschluß,** ⁼sse: decision
sich **entschuldigen:** to excuse oneself, to apologize
die **Entschuldigung,** -en: apology, excuse
entweder . . . oder: either . . . or
die **Entziehung,** -en: deprivation
die **Erde:** earth, ground
sich **ereignen:** to happen
erfahren, (ä), u, a: to learn, to experience
der **Erfolg,** -e: success
erfolgreich: successful(ly)
erfüllen: to fill, to fulfill
ergänzen: to complete, to fill in
ergreifen: i, i: to seize
erhalten, (ä), ie, a: to receive, to get
erheben, o, o: to raise; **sich erheben:** to rise, to get up
sich **erhoffen:** to hope for
sich **erholen:** to recuperate
sich **erinnern an** (+ Akk.): to remember
die **Erinnerung,** -en: memory, recollection
erkennen, a, a: to recognize, **zu erkennen geben:** to let be known
erklären: to explain
die **Erklärung,** -en: explanation
erlauben: to allow, to permit
das **Erlebnis,** -se: experience
erledigen: to finish, to take care of
erleichtern: to ease, to relieve
erlernen: to acquire by learning
ernst: serious(ly), earnest(ly)
(das) Mitleid **erregen:** to cause pity
erreichen: to reach, to come up to
erscheinen, ie, ie (ist): to appear
erschrecken, (i), a, o (ist): to be frightened
erschüttert: shaken (by)
die **Erschütterung,** -en: violent trembling
ersetzen: to replace

erst: first, first of all; **erst recht:** all the more
erstaunen: to astonish, to surprise greatly
erstaunlich: astonishing(ly), remarkable, remarkably
der **Erwachsene,** -n, -n (ein Erwachsener, etc.): adult, grown-up
erwähnen: to mention
erwarten: to expect
die **Erwartung,** -en: expectation
erwartungsvoll: expectant(ly)
sich **erweisen,** ie, ie als: to prove oneself to be
erwidern: to reply; **einen Gruß erwidern:** to return a greeting
erzählen: to tell, to narrate
der **Erzähler,** - (die Erzählerin, -nen): narrator
die **Erzählung,** -en: story, narrative
essen, (i), a, e: to eat
das **Essen:** meal
etwas: something, somewhat
die **Ewigkeit:** eternity

F

fahren, (ä), u, a (ist): to travel, to drive
das **Fahrrad,** ⁼er: bicycle
die **Fahrtunterbrechung,** -en: interruption of a journey or trip
der **Fall,** ⁼e: fall; case; **auf keinen Fall:** in no case
die **Falle,** -n: trap, snare
fallen, (ä), ie, a (ist): to fall; **sich in die Arme fallen:** to fall into each other's arms
falsch: false, wrong, in a wrong manner
die **Familie,** -n: family
die **Farbe,** -n: color
farbig: colored
fassen: to hold; **etwas nicht fassen können:** not to be able to believe something; **sich kurz fassen:** to be brief
fast: almost
faulenzen: to be lazy
das **Faulenzen:** laziness
die **Faust,** ⁼e: fist
fehlen (+ Dat.): to be lacking or missing (es fehlt mir, dir, etc.)
der **Fehler,** -: mistake, error; failing, fault
die **Feier,** -n: celebration, commemoration
der **Feiertag,** -e: holiday
das **Feld,** -er: field
das **Fenster,** -: window
das **Ferkel,** -: pig, hog

ferner: furthermore, moreover, in addition

fern|halten, (ä), ie, a: to keep away

das **Fernsehen:** television

das **Fernsehspiel,** -e: television play

fertig: finished

fest: hard, solid(ly), strong(ly), firm(ly)

fest|halten, (ä), ie, a, an (+ Dat.): to hold fast to, to cling to

fest|machen: to make firm, to clinch

fest|stellen: to determine, to state

fett: fat(ty)

das **Feuer,** -: fire

feurig: fiery, burning

finden, a, u: to find

die **Firma,** -en: firm, business establishment

flammen: to flame, to burn with a flame

die **Flasche,** -n: bottle

flattern: to flutter

das **Fleisch:** meat, flesh

fleißig: industrious(ly), conscientious(ly)

fliegen, o, o (ist): to fly

fließen, o, o (ist): to flow

fluchen: to curse

der **Flur,** -e: entrance hall, vestibule, hallway

der **Fluß,** ⸗sse: river

flüstern: to whisper

die **Flut,** -en: flood

die **Folge,** -n: consequence, result

folgen (ist) (+ Dat.): to follow (after)

der **Fonds,** -: foundation, philanthropic fund

die **Forderung,** -en: demand

die **Form,** -en: form, shape; **in Form sein:** to be in shape

forschen: to search (for)

die **Fortsetzung,** -en: continuation

das **Fotoalbum,** -alben: photograph album

das **Foyer,** -s: foyer, entrance hall

die **Frage,** -n: question

fragen: to ask

der **Franzose,** -n, -n: Frenchman

die **Frau,** -en: woman, wife

frei: free(ly)

frei|geben, (i), a, e: to make way

frei|lassen, (ä), ie, a: to leave free, to set free

fremd: foreign, strange

die **Freude,** -n: joy, gladness

sich freuen: to rejoice; **sich freuen auf** (+ Akk.): to look forward to; **sich freuen über** (+ Akk.): to be happy about

der **Freund,** -e (die **Freundin,** -nen): friend

freundlich: friendly, in a friendly manner

die **Freundlichkeit,** -en: act of friendliness

die **Freundschaft,** -en: friendship

frisch: fresh(ly)

froh: happy, cheerful

fröhlich: happy, cheerful

die **Fröhlichkeit:** cheerfulness, gaity

der **Frosch,** ⸗e: frog

frösteln: to be chilly, to shiver (es fröstelt mich, etc.)

früh: early

der **Frühling:** spring

das **Frühstück:** breakfast

(sich) fühlen: to feel

führen: to lead

für (+ Akk.): for

fürchten: to fear, to be afraid; **sich fürchten vor** (+ Dat.): to be afraid of

der **Fuß,** ⸗e: foot

das **Fußballspiel,** -e: soccer game

der **Fußgänger,** -: pedestrian

die **Fußsohle,** -n: sole of the foot

futtern: (coll.) to eat

G

die **Gabel,** -n: fork

der **Gang:** gait, walk

ganz: whole(ly), entire(ly)

gar kein(e): none at all, absolutely none

gar nicht: absolutely not

der **Garten,** ⸗: garden

die **Gasse,** -n: small street

der **Gast,** ⸗e: guest

das **Gasthaus,** ⸗er: inn

das **Gastrecht:** right to hospitality

das **Gebäude,** -: building

geben, (i), a, e: to give

das **Gebiet,** -e: area, region

gebrauchen: to use

das **Gedächtnis,** -se: memory, recollection

der **Gedanke,** -n, -n: thought

gedankenlos: thoughtless(ly)

das **Gedicht,** -e: poem

der **Gefährte,** -n, -n: companion, comrade

gefallen, (ä), ie, a (+ Dat.): to be pleasing to

gefällig: attractive(ly), obliging(ly), accommodating(ly)

das **Gefühl,** -e: feeling

gegen (+ Akk.): against, toward

der **Gegenstand,** ⸗e: object

das **Gegenteil,** -e: opposite

gegenüber (+ Dat.): opposite

die **Gegenwart:** present time, present day

gehen, i, a (ist): to go, to walk; **einem auf die Nerven gehen:** to get on one's nerves; **es geht um:** it has to do with; **zu Fuß gehen:** to walk, to go by foot

die **Geige,** -n: violin

geistig: intellectual(ly)

das **Gelände,** -: site

gelangen (ist) **zu:** to come to, to get to, to arrive at

gelb: yellow

das **Geld,** -er: money

der **Geldschein,** -e: bill, paper money

die **Gelegenheit,** -en: opportunity; **die Gelegenheit benutzen:** to seize the opportunity

der **Geliebte,** -n, -n (die **Geliebte,** -n): loved one, beloved one

gelingen, a, u (ist) (+ Dat.): to succeed (es gelingt mir)

gelten, (i), a, o: to be valid (es gilt); **gelten lassen,** (ä), ie, a: to let pass, to let stand as is

gemeinsam: common, together

das **Gemüse,** -: vegetable

gemütlich: comfortable, leisure(ly), cosy

genau: exact(ly), precise(ly)

sich (Dat.) **einen genehmigen:** to have a drink

sich genieren: to be or feel embarrassed

genug: enough, sufficient(ly)

genügen (+ Dat.): to suffice

das **Gepäck:** luggage

gepflegt: well-tended, well-groomed

gerade: precisely, exactly, just

geraten, (ä), ie, a (ist) **in** (+ Akk.): to get into, to fall among

das **Gerede:** chatter, idle talk, groundless rumors

das **Gericht,** -e: dish; court

gern(e): gladly, happily

der **Geruch,** ⸗e: smell, aroma

der **Gesang,** ⸗e: singing, melody

das **Geschäft,** -e: business; shop

geschehen, (ie), a, e (ist): to happen

das **Geschenk,** -e: present, gift

die **Geschichte,** -n: story

das **Geschimpfe:** cussing

die **Geschwindigkeit,** -en: speed, velocity

die **Gesellschaft,** -en: society

gesellschaftlich: social(ly), having to do with society

das **Gesicht,** -er: face

der **Gesichtspunkt,** -e: point of view

gesinnt sein: to be disposed

die **Gestalt,** -en: shape, appearance, outward form

gestern: yesterday

gesund: healthy, in a healthy manner

das **Getränk,** -e: drink, beverage

gewiß: to be sure, surely, certainly

gewissenhaft: conscientious(ly)

gewissermaßen: to a certain extent, so to speak

die Gewißheit, -en: surety, certainty

sich **gewöhnen an** (+ Akk.): to get used to, to accustom oneself to

die Gewohnheit, -en: habit, custom

gewöhnlich: usual(ly)

das Gewühl: crowd, bustle

der Gipfel, -: summit, peak

glänzen: to shine

glatt: smooth(ly)

das Glatteis: slippery ice

glauben (+ Dat.): to believe, to think

gleich: the same; soon, right at the time, right away; **gleich darauf:** soon thereafter

gleichzeitig: at the same time, simultaneously

glitzern: to glint, to glisten, to glitter

die Glocke, -n: bell

das Glück: luck, fortune

glücklich: happy, lucky, fortunate; happily

glühen: to glow

gratulieren (+ Dat.): to congratulate

grau: grey

grausam: cruel(ly), gruesome(ly)

greifen, i, i: to grasp

die Grenze, -n: boundary, border

grenzenlos: boundless(ly)

groß: large, great, big

großartig: fantastic, excellent, glorious, first-rate

die Großmutter, ⁼: grandmother

grün: green

der Grund, ⁼e: reason

die Gruppe, -n: group

der Gruß; ⁼e: greeting

grüßen: to greet

gucken: to look

gut: good, well

H

das Haar, -e: hair

das Hab und Gut: all one's possessions; "house and home"

haben: to have; (etwas) **nötig haben:** to need (something) sorely

halb: half

halber (+ Gen.): for the sake of (der Einfachheit halber: for simplicity's sake)

die Hälfte, -n: half

die Halle, -n: (large) hall, arcade

der Hals, ⁼e: neck

halten, (ä), ie, a: to hold, to keep; **sich halten an** (+ Akk.): to keep to, to

refer to; **jemanden zum Narren halten:** to take s. o. for a fool

die Haltung, -en: attitude

die Hand, ⁼e: hand

handeln: to act, to behave; to deal; **sich handeln um** (+ Akk.): to deal with

das Handgelenk, -e: wrist

der Händler, -: dealer

die Handtasche, -n: handbag, purse

der Handwagen, -: hand truck, dolly

der Hang (zu): inclination

hängen, i, a: to hang, to be hanging

hart: hard, severe(ly)

hassen: to hate

häßlich: ugly, in an ugly manner

hastig: hastily, quickly

das Häubchen, -: bonnet

häufig: frequent(ly)

der Hauptbahnhof, ⁼e: main train station

die Hauptdarstellerin, -nen: main actress

die Hauptfigur, -en: main character

die Hauptsache, -n: main thing

die Hauptstraße, -n: main street

das Haus, ⁼er: house

der Hausgenosse, -n, -: a person who lives in the same house

der Haushalt, -e: household

die Haushälterin, -nen: housekeeper

die Haustür, -en: house door

die Haut, (⁼e): skin

heben, o, o: to raise, to lift

heftig: intense(ly), vehement(ly), vigorous(ly), strong(ly)

die Heimat: native land, native country

heim|kehren (ist): to turn homeward, to go home

der Heimweg, -e: the way home

heiraten: to marry

der Heiratskandidat, -en, -en: marriage candidate

heiß: hot(ly)

heißen, ie, ie: to be called

die Heiterkeit: cheerfulness

die Heizung, -en: heating system

helfen, (i), a, o (+ Dat.): to help

hell: bright(ly)

die Helle: brightness

das Hemd, -en: shirt

der Hemdkragen, -: shirt collar

es ist lange her: it's been a long time

herauf|fahren, (ä), u, a (ist): do drive up

herauf|führen: to lead up

heraus|bringen, a, a: to bring out

heraus|halten, (ä), ie, a: to keep out

heraus|kommen, a, o (ist): to come out

sich **heraus|stellen** (daß): to turn out (that)

heraus|ziehen, o, o: to pull out

herbei|eilen (ist): to hurry over, to hurry toward

der Herbst: fall, autumn

die Herde, -n: herd

herein|holen: to bring in

herein|kommen, a, o (ist): to come into, to enter

der Herr, -n, -en: gentleman, man

herrlich: wonderful(ly), splendid(ly)

herum|gehen, i, a (ist): to go around

herum|sitzen, a, e: to sit around

herum|stehen, a, a: to stand around

hervor|holen: to take out, to reach for, to produce

hervor|treten, (i), a, e (ist): to step forward, to appear

das Herz, -en, -en: heart

herzlich: heartily, sincerely

die Heuschrecke, -n: grasshopper, locust

heute: today

hie und da: now and then

hier: here

hierher: here, to this place

die Hilfe, (-n): help, aid, assistance

der Himmel, -: sky, firmament, heaven

hinaus: out, outside

hinaus|fahren, (ä), u, a (ist): to drive out

hinaus|schleichen, i, i (ist): to sneak or slip away

hinaus|tragen, (ä), u, a: to carry out

hindern an (+ Dat.): to hinder, to hamper, to prevent from

hinein|bitten, a, e: to ask in

hinein|werfen, (i), a, o: to throw or toss in

hin|fahren, (ä), u, a (ist): to travel to

hin|gehen, i, a (ist): to go to

hin|halten, (ä), ie, a: to hold out to, to give to

hin|hören: to listen closely to

(jemandem etwas) **hin|schieben, o, o:** push toward

sich **hin|setzen:** to sit down

hinter: behind

hinüber|gehen, i, a (ist): to go over toward

hinzu|fügen: to add (to)

hoch: high(ly)

hoch|kommen, a, o (ist): to come to, to amount to; to come up(stairs); **wenn es hochkommt:** if it comes to that

höchstens: at most

der Höchstpreis, -e: highest price

höchstwahrscheinlich: most probable, most probably

hoffen: to hope

hoffentlich: I hope so, let us hope so

holen: to fetch

der Honig: honey

horchen: to listen to

hören: to hear, to listen

das Hörspiel, -e: radio play

die Hose, -n: trousers, pair of pants

hübsch: pretty, nice(ly)

humorvoll: humorous(ly)
der **Hut,** ⸗e: hat

I

die **Illustrierte,** -n, -n: picture magazine
immer: always; **immer noch:** still
imponieren (+ Dat.): to impress
indem: in that
der **Inhalt:** contents
das **Innere:** the insides of something
insgesamt: all together
das **Interesse,** -n: interest
interessieren: to be interesting; **sich interessieren für:** to be interested in
inwiefern: how far, to what extent
inzwischen: in the meantime, meanwhile
irgend etwas (irgend was): something or other
irren: to err, to be mistaken
das **Irrlicht,** -er: will-o'-the-wisp, jack-o'-lantern
der **Irrtum,** ⸗er: error, mistake

J

die **Jagd,** -en: hunt, chase, pursuit
der **Jähzorn:** violent temper
das **Jahr,** -e: year
die **Jahreszeit,** -en: season
je . . . desto: the . . . the
jedenfalls: at any rate, in any case
jeder, jede, jedes: every one, each one
jemand: someone, somebody
jenseits (+ Gen.): beyond
jetzt: now; **jetzt, wo:** now that
jeweils: at a time, each time
jugendlich: youthful(ly)
jung: young, youthful
der **Junge,** -n, -n: boy, youth
der **Junggeselle,** -n, -n: bachelor

K

das **Kalb,** ⸗er (das Kälbchen): calf
kalt: cold(ly)
die **Kammer,** -n: small room
kaputt: broken
die **Karre,** -n: jalopy, cart
die **Karte,** -n: ticket
die **Kartoffel,** -n: potato
der **Karton,** -s: cardboard box
die **Kasse,** -n: ticket window, cashier box
der **Kassierer,** -: cashier
der **Kasten,** ⸗: box, chest, trunk, drawer
kauen: to chew
kaufen: to buy; **sich** (Dat.) **kaufen:** to buy for oneself

das **Kaufhaus,** ⸗er: department store
kauflustig: eager to buy
der **Kaufmann,** die Kaufleute: merchant
kaum: hardly
kein: not any, not a
keinerlei: not of any sort, not any whatever
keineswegs: in no way
keinmal: not one time, never
kennen, a, a: to know (a person), to be acquainted with
kennen|lernen: to become acquainted, to get to know
die **Kenntnis,** -se: knowledge
kennzeichnen: to mark, to identify; to characterize
das **Kind,** -er: child
die **Kindheit:** childhood
das **Kino,** -s: movie theater
die **Kirsche,** -n: cherry
die **Kirschblüte,** -n: cherry blossom
die **Kittelschürze,** -n: smock
klagen (über + Akk.): to complain (about)
klappen: to work out, to be all right; **es klappt:** it works out
die **Klasse,** -n: class; **erster Klasse:** first class (on a train); **zweiter Klasse:** second class
das **Kleid,** -er: garment, piece of clothing
klein: small, little
das **Kleingeld:** change, coins
die **Kleinigkeit,** -en: small thing, trifle
die **Klingel,** -n: bell
klingen, a, u: to sound
klopfen an (+ Akk.): to knock
der **Knabe,** -n, -n: boy
knapp: curt(ly); just barely
das **Knie,** -: knee
der **Knopf,** ⸗e: button
kochen: to cook
kommen, a, o (ist): to come
die **Kommode,** -n: bureau, chest of drawers
kompliziert: complicated(ly)
das **Kompositum,** Komposita: compound word
können, (a), o, o: to be able to
der **Kontrollabschnitt,** -e: segment
der **Kopf,** ⸗e: head
die **Kopie,** -n: copy
der **Körper,** -: body
kosten: to taste, to try out
die **Kraft,** ⸗e: strength
der **Kragen,** -: collar
der **Krampf,** ⸗e: cramp
krank: sick(ly), ill
das **Krankenhaus,** ⸗er: hospital
die **Krankenkasse,** -n: health insurance program in West Germany
kränklich: ailing, sickly, slightly ill

die **Krawatte,** -n: necktie
der **Kreis,** -e: circle
kreisen: to circle around
kreuzen: to cross
die **Kreuzung,** -en: intersection
der **Kreuzweg,** -e: crossroad
das **Kreuzworträtsel,** -: crossword puzzle
der **Krieg,** -e: war
der **Kritiker,** -: critic
die **Krücke,** -n: crutch
die **Küche,** -n: kitchen
der **Kuchen,** -: cake
die **Kuh,** ⸗e: cow
kühl: cool(ly)
die **Kühle:** coolness
der **Kummer:** grief, worry
sich kümmern um: to see to, to take care of
der **Kunde,** -n, -n (die Kundin, -nen): client
die **Kunst,** ⸗e: art
der **Kurpark,** -s: park in a health spa
der **Kurs,** -e: course; rate of exchange
kursivgedruckt: italicized
kurz: short(ly), brief(ly)
kurzsichtig: near-sighted(ly)
kurzum: to be brief
der **Kuß,** ⸗sse: kiss
küssen: to kiss
die **Kußhand,** ⸗e: a kiss on the hand

L

lächeln: to smile
lachen: to laugh
lächerlich: ridiculous(ly)
der **Laden,** ⸗: store
die **Lage,** -n: situation
die **Landschaft,** -en: landscape
die **Landstraße,** -n: highway
lang(e): long, for a long time
langsam: slow(ly)
längst: long ago
langweilen: to tire, to bore
lassen, (ä), ie, a: to let, to allow, to leave
lästig: tedious(ly), annoying(ly)
die **Laterne,** -n: street light, lantern
im Lauf(e) (+ Gen.): in the course of, during the course of
laufen, (ä), ie, au (ist): to run
laut: loud(ly)
der **Laut,** -e: sound, noise
läuten: to ring
lautlos: without a sound, silently
leben: to live
das **Leben,** -: life
lebendig: alive, lively
die **Lebensversicherungsprämie,** -n: life insurance premium

lebhaft: lively, in a lively manner, vivacious

lediglich: exclusively, merely, solely, only

leer: empty

die **Leere:** emptiness, void

legen: to put, to place

lehnen: to lean

der **Leib,** -er: body

leicht: easy, easily; slight(ly)

das **Leid,** -en: sorrow

leiden, i, i: to suffer

leider: unfortunately

leise: soft(ly), light(ly)

sich (Dat.) **leisten:** to afford

der **Leiter,** – (die **Leiterin,** -nen): director, manager

lernen: to learn

lesen, (ie), a, e: to read

leserlich: legible, legibly

letzt-: last, final

leugnen (verleugnen): to deny

die **Leute** (plural): people

das **Licht,** -er: light

die **Liebe:** love, affection

lieben: to love

liebenswürdig: charming, in a charming way

lieber: preferably

das **Lied,** -er: song

der **Lieferungsschein,** -e: delivery slip

liegen, a, e: to lie, to be lying; **es liegt an** (+ Dat.): it is due to, it depends on; **es liegt mir** (dir, etc.) **nicht:** it does not appeal to me, it is not in my line

links: left, to the left

die **Lippe,** -n: lip

das **Lob:** praise

loben: to praise

es **lohnt sich (nicht):** it does (not) pay, it is (not) worthwhile

das **Lokal,** -e: restaurant

los sein (was ist los?): to be the matter, to be up; **etwas los sein:** to be rid of something

jemanden **los|werden,** (i), u, o (ist): to get rid of s. o.

die **Luft,** ⸗e: air, atmosphere

lügen, o, o: to lie, to tell an untruth

die **Lust:** desire

lustig: amusing(ly), cheerful(ly), happy, happily

M

machen: to make, to do; (ausgiebigen) **Gebrauch machen von:** to make (full) use of; **Karriere machen:** to work one's way up, to be successful; **sich auf den Weg machen:** to start out

mächtig: mighty, mightily

das **Mädchen,** -: young woman, girl

der **Magen,** ⸗: stomach

mager: skinny, thin, gaunt

das **Mahl,** ⸗er: meal

die **Mahlzeit,** -en: meal(time)

der **Makler,** -: real estate agent

das **Mal,** -e: time; **mit einem Male:** suddenly

man: one (impersonal pronoun)

manchmal: sometimes

der **Mann,** ⸗er: man, husband

die **Mansarde,** -n: attic room, garret

der **Mantel,** ⸗: coat

das **Märchen,** -: fairy tale

die **Mark,** -: D-Mark, West German unit of money

die **Marke,** -n (die **Freimarke,** -n) = die **Briefmarke,** -n: stamp

der **Markt,** ⸗e: market

der **Markttag,** -e: market day

der **Marmor:** marble

der **Marsch,** ⸗e: march

marschieren (ist): to march, to walk briskly

mehr: more

mehrere: several

mehrmals: frequently, repeatedly, more than once

die **Mehrzahl:** majority

meiden, ie, ie: to avoid

meinen: to say, to mean, to express an opinion

die **Meinung,** -en: opinion

meist-: the most

sich **melden** (bei): to report to

die **Menge,** -n: quantity

der **Mensch,** -en, -en: person, human being, man

merken: to notice, to make a note of, to realize

merklich: noticeable, noticeably

messen, (i), a, e: to measure

das **Messer,** -: knife

der **Mieter,** -: tenant

die **Mietpartei,** -en: tenant

mißtrauisch: suspicious(ly), distrustful(ly)

mit (+ Dat.): with

miteinander: with one another

der **Mitarbeiter,** -: co-worker

mit|kommen, a, o (ist): to come along

das **Mitleid:** sympathy

der **Mittag:** noon

das **Mittagessen:** midday meal

die **Mittagszeit:** noontime

die **Mitte:** middle

mit|teilen: to notify, to announce

mitten: in the middle

mittlerweile: meanwhile, in the meantime

die **Möbel** (plural): furniture

möbliert: furnished

modisch: stylish(ly)

mögen, (mag), mochte, gemocht: to like to, to like

möglich: possible, possibly

die **Möglichkeit,** -en: possibility

möglichst: as possible

die **Mohrrübe,** -n: carrot

Moll: minor key (musical term)

der **Monat,** -e: month

der **Morgen,** -: morning

morgens: in the morning

müde: tired, weary, in a weary way

die **Müdigkeit:** tiredness, weariness

die **Mühe,** -n: effort, exertion, trouble

mühelos: effortless(ly)

mühselig: tiresome, in a tiresome way

der **Müllbeutel,** -: garbage bag

der **Müllplatz,** ⸗e: location of trash cans

der **Mund,** ⸗er: mouth

munter: cheerful(ly)

murmeln: to mumble, to mutter

der **Muskel,** -n: muscle

müssen: to have to, to must

mustern: to size a person up, to inspect, to examine critically

der **Mut:** courage

die **Mutter,** ⸗: mother

die **Mütze,** -n: cap

N

nach (+ Dat.): to, toward, according to, after; **nach Hause:** (to) home; **nach wie vor:** the same as ever, as usual

der **Nachbar,** -n, -n: neighbor

die **Nachbarschaft:** neighborhood

nachdem: afterwards, after

nach|denken, a, a (über + Akk.): to reflect (upon)

nachdenklich: pondering, reflecting, pensive(ly), in a contemplative way

nach|erzählen: to retell, to tell again

nach|geben, (i), a, e (+ Dat.): to give in, to give way

der **Nachmittag,** -e: afternoon

nachmittags: in the afternoon

nach|rufen, ie, u (+ Dat.): to call after someone

nächst-: next

die **Nacht,** ⸗e: night

der **Nachteil,** -e: disadvantage

der **Nachtisch:** dessert

nah(e) (+ Dat.): near

die **Nähe:** vicinity

das **Näherkommen:** approach, coming closer

nahezu: almost

nämlich: namely

die **Nase**, -n: nose
natürlich: naturally
neben: next to
der **Nebenweg**, -e: side road
das **Nebenzimmer**, -: the room next door, the adjacent room
nehmen, (i), a, o: to take; **in Anspruch nehmen**: to claim, to take up time; **Notiz nehmen von**: to take notice of
nennen: a, a: to call, to name
die **Nennung**, -en: naming, mentioning, calling by name
die **Nervosität**: nervousness
nett: nice(ly)
neu: new(ly)
die **Neugier**: curiosity
nicht: not; **nicht einmal**: not even; **nicht mehr**: no longer; **nicht unbedingt**: not exactly, not necessarily
nichts: nothing
nicken: to nod
nie: never
sich **nieder|lassen**, (ä), ie, a: to sit down, to take a seat; to settle down
niemand: no one, nobody
nirgendwo: nowhere
noch: still, another; **noch was** (noch etwas): something else
nochmalig: repeated(ly), reiterated, renewed
nochmals: once again
die **Note**, -n: grade (in school); (musical) note
nötig: necessary, necessarily
nun: now
nur: only

O

ob: whether
oben: above, on top
oberst-: top
obwohl: although
oder: or
der **Ofen**, ∸: stove, furnace
offen: open(ly)
offenbar: evident(ly), apparent(ly)
offensichtlich: evident(ly), for all to see
öffnen: to open
oft: often, frequently
ohne (+ Akk.): without
ohne daß: without . . . -ing
das **Ohr**, -en: ear
ölen: to oil
der **Onkel**, -: uncle
ordentlich: orderly, respectable; quite a bit
Ordnung schaffen, u, a: to put in order
Ostern: Easter
östlich: eastward

P

das **Paar**, -e: pair, couple; ein **paar**: a few
packen: to grab, to grasp
das **Paket**, -e: package
das **Papier**, -e: paper
der **Papiersack**, ∸e: paper bag, paper sack
parken: to park
die **Partei**, -en: party, member
das **Parterre**: ground floor
passen: to be appropriate, to pass, to agree, to fit
passend: appropriate, correct
passieren (ist): to happen
pathetisch: with emotion, dramatic, theatrical
peinlich: embarrassing(ly)
die **Pfanne**, -n: pan
die **Pflicht**, -en: duty
das **Pfund**, (-e): pound
planen: to plan
die **Platte**, -n: (flat) surface, platter
der **Platz**, ∸e: seat, place
die **Platzanweiserin**, -nen: usherette
plötzlich: sudden(ly)
die **Polizei**: police
der **Postbote**, -n, -n: mailman
der **Preis**, -e: price; prize, award
der **Privatweg**, -e: private path, driveway
die **Probe**, -n: experiment, trial test
die **Probefahrt**, -en: test drive
probieren: to try out, to test
das **Programmheft**, -e: theater program
prüfen: to test, to examine
die **Prüfung**, -en: test, examination
das **Publikum**: audience, public
der **Punkt**, -e: point, period
pünktlich: punctual(ly)

Q

quittieren: to give a receipt (for)
die **Quittung**, -en: receipt

R

das **Rad**, ∸er: wheel; bicycle
rad|fahren, (ä), u, a (ist): to ride a bicycle
rasch: quick(ly)
rasen (ist): to rush, to race madly about
rasend: furious(ly), raging mad
der **Rat**, die Ratschläge: advice
das **Rathaus**, ∸er: city hall
der **Ratschlag**, ∸e: advice

das **Rätsel**, -: puzzle, riddle
rauchen: to smoke
der **Raum**, ∸e: room
reagieren (auf + Akk.): to react (to)
die **Rechnung**, -en: bill
jemandem **recht geben**: to grant that someone is right
recht haben: to be right
rechts: right, to the right
reden (über + Akk.): to talk (about)
das **Regal**, -e: shelf
regelmäßig: regular(ly)
regen: to move
der **Regen**: rain
regnen: to rain
reichen: to extend, to reach, to be sufficient
reichlich: ample, amply
die **Reihe**, -n: series, row; **an der Reihe sein**: to have one's turn
die **Reise**, -n: trip, journey
das **Reisegepäck**: luggage for a trip
die **Reisegesellschaft**, -en: tour group
der **Reiseleiter**, -: travel or tour guide
reißen, i, i: to tear away, to snatch
reizen: to irritate
reizend: charming(ly)
rennen, a, a (ist): to run
reparieren: to repair, to fix
der **Rest**, -e: remainder, remnant, rest; left-overs
richtig: right, correct(ly)
die **Richtlinie**, -n: guideline
riechen, o, o: to smell, to give off an aroma
riesig: enormous(ly), huge(ly), extremely, a lot
das **Risiko**, -s: risk
der **Rock**, ∸e: skirt; man's coat (archaic)
roh: uncooked
die **Rolle**, -n: role
der **Roman**, -e: novel
rot: red, flushed
röten: to turn red
der **Rückblick**, -e: backward glance
der **Rücken**, -: back
die **Rückfahrt**, -en: return trip
die **Rückkehr**: return
der **Rückspiegel**, -: rear view mirror
rufen, ie, u: to call out, to shout
die **Ruhe**: peace, quiet, rest
ruhen: to rest
ruhig: calm(ly), peaceful(ly); (coll.) it will be alright to
die **Runde**, -n: round
rundum: all around

S

die **Sache,** -n: thing, object; matter, affair, concern
sagen: to say
sämtlich: each and every, all together
sanftmütig: gentle, good-tempered
satt sein: to have enough to eat
der **Satz,** ⸗e: sentence
sauber: clean
sausen (ist): to tear around
schade: too bad, what a pity
(es) **schaffen** (coll.) to make it
die **Schar,** -en: group
der **Schatten,** -: shadow, shade
schätzen: to estimate
schauen: to look
schaulustig: eager to look at things
das **Schauspiel,** -e: play in a theater
die **Scheibe,** -n: slice
scheinen, ie, ie: to appear, to seem
der **Scheitel,** -: part (in hair)
scheitern an (+ Dat.) (ist): to fail, to run aground
der **Schenkel,** -: thigh
schenken: to give (a gift)
schicken: to send
das **Schicksal,** -e: lot, fate
sich **schieben,** o, o: to move, to shift one's position
das **Schiff,** -e: ship
der **Schild,** -e: shield
schimpfen: to curse, to scold
der **Schinken,** -: ham
der **Schlafanzug,** ⸗e: pajamas
schlafen, (ä), ie, a: to sleep
der **Schlag,** ⸗e: blow, strike
schlagen, (ä), u, a: to strike
schlecht: bad(ly), poor(ly)
schlendern (ist): to stroll, to saunter
schleppen: to tug, to drag, to pull
schließen, o, o: to close, to shut
schließlich: finally
schlimm: bad
der **Schlosser,** -: mechanic
schluchzen: to sob
der **Schluß,** ⸗sse: end, conclusion; **Schluß machen:** to end
der **Schlüssel,** -: key
die **Schlußszene,** -n: final scene
schmal: narrow
schmecken: to taste
schmeicheln: to flatter
der **Schmerz,** -en: pain
schmerzen: to hurt, to be painful
die **Schmetterlingskrawatte,** -n: bow tie
schmuddelig: slightly smudgy
schmutzig: dirty, soiled
schneiden, i, i: to cut
der **Schneider,** -: tailor
schnell: quick(ly), fast

die **Schnitte,** -n: slice, piece
schnoddrig: snooty
der **Schnupftabak:** snuff
schon: already
schön: nice(ly), pretty, beautiful(ly)
schräg: diagonal(ly)
der **Schrank,** ⸗e: wardrobe, cupboard, cabinet
schrecklich: horrible, dreadful(ly)
schreiben, ie, ie: to write
der **Schreibtisch,** -e: desk
schreien, ie, ie: to cry out, to shout, to scream
die **Schrift** (die Handschrift): handwriting, penmanship
der **Schritt,** -e: step
die **Schublade,** -n: drawer
schüchtern: shy, in a bashful way
der **Schuh,** -e: shoe
die **Schule,** -n: school
der **Schüler,** -: schoolchild
der **Schulfreund,** -e: school friend
das **Schulheft,** -e: school notebook
die **Schulter,** -n: shoulder
die **Schulzeit:** school days, the time spent in school
die **Schürze,** -n: apron
die **Schüssel,** -n: bowl, dish
schütteln: to shake
schwach: weak(ly)
schwarz: black
schweigen, ie, ie: to be silent
das **Schweinsleder:** pigskin leather
schwer: hard, difficult, heavy; with difficulty
(einem) **schwer|fallen,** (ä), ie, a (ist): to be difficult (for a person)
die **Schwester,** -n: sister
schwierig: difficult, with difficulty
die **Schwierigkeit,** -en: difficulty
schwören, o, o: to swear
sehen, (ie), a, e: to see, to look
die **Sehnsucht,** ⸗e: yearning
sehr: very, very much
die **Seife,** -n: soap
sein: his, its
sein, ist, war, ist gewesen: to be; **mir ist schlecht:** I feel unwell
seinerzeit: at that time
seit (+ Dat.): since
die **Seite,** -n: side, page
seither: since then
die **Seitenstraße,** -n: side street
selber: myself, yourself, etc.
selbst: (one's) self; even; **selbst wenn:** even if
selten: seldom, rare(ly)
seltsam: strange, peculiar
senken: to (cause) to sink, to lower
sich **setzen:** to sit down
seufzen: to sigh

der **Seufzer,** -: sigh
sicher: sure(ly); **sicher sein vor** (+ Dat.): to be safe from
sichtbar: evident, visible, visibly
sinken, a, u (ist): to sink
der **Sinn,** -e: sense, meaning
sinngemäß: according to meaning
sinnlos: senseless(ly), meaningless(ly)
sinnvoll: sensible, meaningful, in a meaningful way
sitzen, a, e: to sit; **in der Falle sitzen,** a, e: to sit (or be caught) in a trap
die **Socke,** -n: sock
soeben: just now
sofort: immediately, right away
sogar: even
sogleich: at once
der **Sohn,** ⸗e: son
solange: as long as
sollen: to ought to, to be supposed to
der **Sommer:** summer
sonderbar: strange, peculiar
sondern: but rather
die **Sonne:** sun
sonnig: sunny
sonntags: on Sunday(s)
die **Sorge,** -n: care, concern, worry
sorgen für: to take care of
sorgfältig: careful(ly)
die **Sorte,** -n: sort, selection, kind
sowieso: anyhow
der **Spalt,** -e: crack; **einen Spalt breit:** slightly (lit.: a crack's width)
spät: late
später: later, later on
spazieren|gehen, i, a (ist): to take a walk
der **Spaziergang,** ⸗e: walk
der **Speck:** bacon
die **Speise,** -n: food, nourishment
die **Speisekammer,** -n: pantry
spenden: to donate
die **Sperre,** -n: gate, barrier
die **Spezialität,** -en: speciality
der **Spiegel,** -: mirror
das **Spiegelei,** -er: fried egg
das **Spiel,** -e: game
spielen: to play
spirrig = dünn, dürr: thin, skinny
der **Spitzname,** -n: nickname
die **Sprache,** -n: language
sprechen, (i), a, o: to speak, to say
das **Sprichwort,** ⸗er: proverb, familiar saying
der **Spruch,** ⸗e: saying
spürbar: noticeable, perceivable
spüren: to sense, to feel, to notice
der **Stachel,** -n: sting
die **Stadt,** ⸗e: city
die **Stadtgrenze,** -n: city limits
das **Stadtinnere:** center of town

der **Stamm**, ⁼e: trunk of a tree, stem, stalk
stammen von: to stem, to come from
stark: strong(ly)
starren auf (+ Akk.): to stare at
starrsinnig: stubborn, obstinate(ly)
statt|geben, (i), a, e (+ Dat.): to grant, to give in to
staubig: dusty
staunen: to be astonished or surprised
stecken: to put in
stehen, a, a: to stand; **das (es) steht mir gut:** it looks good on me
stehen|bleiben, ie, ie (ist): to stop, to remain standing
stehlen, (ie), a, o: to steal
steigen, ie, ie (ist): to climb
steil: steep, deep
die **Stelle**, -n: place, spot, position; job
stellen: to put, to place; **sich stellen:** to place oneself
stellenweise: in places
die **Stellung**, -en: job, position
der **Stempel**, -: official stamp
sterben, (i), a, o (ist): to die
die **Steuererklärung**, -en: tax return
das **Stichwort**, ⁼er: cue, catchword
der **Stiefel**, -: boot
der **Stil**, -e: style
die **Stimme**, -n: voice
stimmen (das stimmt): to be correct
die **Stimmung**, -en: mood
die **Stirn**, -en: forehead
das **Stockwerk**, -e: floor, storey
der **Stoff**, -e: stuff, material
stören: to disturb
der **Stoß**, ⁼e: gust
sich **stoßen**, (ö), ie, o an (+ Dat.): to take offense at
die **Straße**, -n: street
die **Straßenbahn**, -en: streetcar, trolley
das **Straßenmädchen**, -: girl on the street, street walker
die **Strecke**, -n: distance, stretch
streicheln: to stroke
der **Streit** (die Streitigkeiten): quarrel, argument
streiten, i, i: to quarrel
streng: strict(ly)
der **Strick**, -e: rope
das **Stroh:** straw
der **Strom**, ⁼e: river
der **Strumpf**, ⁼e: stocking
das **Stück**, -e: piece
das **Studium**, Studien: course of study
der **Stuhl**, ⁼e: stool, chair
stumm: mute, silently
die **Stunde**, -n: hour
stürmisch: stormy, violent(ly)
stürzen (ist): to dash; **stürzen aus:** to rush out of

sich **stützen auf** (+ Akk.): to lean upon
das **Substantiv**, -e: noun
suchen: to look for
der **Sumpf**, ⁼e: swamp
die **Suppe**, -n: soup
sympathisch: congenial, pleasant, sympathetic

T

der **Tag**, -e: day
täglich: daily, every day, on a daily basis
tagsüber: during the day
taktvoll: tactful(ly)
die **Tanne**, -n: fir tree
die **Tante**, -n: aunt
tanzen: to dance
die **Tasche**, -n: pocket, bag
die **Tat**, -en: deed; **in der Tat:** indeed, to be sure
die **Tatsache**, -n: fact
tatsächlich: actually, indeed, in fact
das **Tau**, -e: rope
tauschen (= aus|tauschen): to exchange, to trade
der **Teil**, -e: part
teilen: to share, to divide into parts
die **Teilnahme:** participation
der **Teller**, -: plate
der **Teppich**, -e: carpet
der **Termin**, -e: appointment
teuer: expensive(ly)
das **Thema**, Themen: theme, topic
ticken: to tick
tief: deep
der **Tiefkühler**, -: freezer
das **Tier**, -e: animal
der **Tisch**, -e: table; desk
der **Titel**, -: title
die **Tochter**, ⁼: daughter
der **Tod:** death
die **Todeserklärung**, -en: death certificate
todmüde: exhausted
der **Ton**, ⁼e: tone, sound
die **Tonne**, -n: trash can
tot: dead
töten: to kill
tragen, (ä), u, a: to wear; to carry
der **Traum**, ⁼e: dream
träumen: to dream
traurig: sad(ly)
die **Traurigkeit:** sadness
(sich) **treffen**, (i), a, o: to meet
der **Treffpunkt**, -e: meeting place
treiben, ie, ie: to drive, to urge on
trennen: to separate
die **Treppe**, -n: step, stairs
das **Treppenhaus**, ⁼er: stairwell, hall

treten, (i), a, e (auf + Akk.): to step on
trinken, a, u: to drink
das **Trinkgeld:** tip, gratuity
trocken: dry
trommeln: to drum
trotz (+ Gen.): despite, in spite of
trotzdem: nevertheless
tüchtig. efficient(ly), industrious(ly)
tun, a, a: to do
die **Tür**, -en: door
die **Tüte**, -n: bag

U

übel: bad, badly; **es wird mir übel:** I am getting nauseous; (jemandem etwas) **übel|nehmen**, (i), a, o: to take amiss
üben: to practice, to exercise
über: over, above, about
überall: all over
überaus: extremely
überein|kommen, a, o (ist): to come to an agreement
über|fallen, (ä), ie, a (ist): to fall upon (suddenly), to seize, to attack
überhaupt nichts: nothing at all
einem (etwas) **über|lassen**, (ä), ie, a: to leave (something) up to someone
überlegen: to reflect upon
die **Überlegung**, -en: consideration, reflection
übernachten: to spend the night
überraschen: to surprise
übersehbar: capable of being overlooked
übersetzen: to translate
über|springen, a, u (ist) auf (+ Akk.): to jump over to
überstehen, a, a: to overcome, to surmount
übertrieben pünktlich: overly punctual
sich **überzeugen von:** to convince oneself of
die **Überzeugung**, -en: conviction
üblich: usual, customary
übrig: remaining
übrig|bleiben, ie, ie (ist): to be left over
übrigens: moreover; by the way; in addition
die **Übung**, -en: exercise
die **Uhr**, -en: clock; o'clock
um (+ Akk.): at, around
die **Umarmung**, -en: embrace, hug
um|binden, a, u: to tie around
sich **um|drehen:** to turn around
um|geben, (i), a, e: to surround
umher|blicken: to look around
um|satteln: to change one's profession
der **Umschlag**, ⁼e: envelope
sich **um|sehen**, (ie), a, e: to look around

um|steigen, ie, ie (ist): to transfer (from one train to another)

sich um|wenden, a, a: to turn around

unangenehm: unpleasant(ly)

unappetitlich: unappetizing, distasteful(ly)

das Unbehagen: uneasiness

unbeschreiblich: indescribable, indescribably

und so weiter (usw): and so on, etc.

unerwartet: unexpected(ly)

ungeduldig. impatient(ly)

ungepflegt: uncared for, untidy, slovenly

ungeschickt: clumsy, in a clumsy manner

ungestört: undisturbed

ungewöhnlich: unusual

ungewollt: unwilled

ungezogen: naughty

das Unglück: misfortune, bad luck

das Unheil: calamity, disaster

unmöglich: impossible, impossibly

unnachsichtig: unrelenting(ly)

die Unruhe, -n: unrest, restlessness, uneasiness

unruhig: uneasy

unten: below

unter: under, among

unterbrechen, (i), a, o: to interrupt

unter|bringen, a, a: to store; to put someone up for the night

sich unterhalten, (ä), ie, a: to converse, to entertain oneself, to amuse oneself

die Unterhaltung, -en: conversation

unterscheiden, ie, ie: to distinguish

die Unterwäsche: underwear

unverhofft: unexpectedly

unvermutet: unexpectedly

unverständlich: ununderstandable

unwillkürlich: instinctively

der Urlaub: vacation, holiday

V

vage: vague

der Vater, ⸗: father

sich verabreden: to make an appointment

verabredet: agreed upon

sich verabschieden: to take one's leave

die Veränderung, -en: change, alteration

verbergen, (i), a, o: to hide

verbinden, a, u: to bind

verbrecherisch: criminal

das Verbrechertum: criminality

verbrennen, a, a: to burn up

verbringen, a, a: to spend, to pass (time)

verdienen: to deserve, to earn

verdoppeln: to double

verdutzt: nonplussed, taken aback

der Verein, -e: club, association

verfolgen: to follow, to pursue

vergangen: gone by

die Vergangenheit: past, past time

vergessen, (i), a, e: to forget

sich vergewissern: to confirm, to assure oneself

vergleichen, i, i (mit): to compare (to)

vergnügt: pleased, satisfied

die Vergnügung, -en: pleasure, enjoyment, amusement

das Verhalten: behavior

sich still verhalten, (ä), ie, a: to keep quiet, to hold one's peace

verheiratet: married

der Verkauf, ⸗e: sale

verkaufen: to sell

der Verkäufer, - (die Verkäuferin, -nen): salesman, saleslady

der Verkehr: traffic

verkohlen (ist): to turn to coal, to get charred

verlangen: to ask for, to demand

verlangsamen: to slow down

verlassen, (ä), ie, a: to leave; **sich verlassen auf (+ Akk.):** to rely upon; **es ist kein Verlaß auf (+ Akk.):** it is not to be relied upon

im Verlauf von (+ Gen.): during the course of

verlaufen, (äu), ie, au (ist): to take a course, to run, to extend

verlegen: embarrassed

die Verlegenheit: embarrassment

verletzend: offensively, in a hurting manner

verleugnen: to deny, to renounce, to disown

verlieren, o, o: to lose

der (die) Verlobte, -n (-n): fiancé

die Verlorenheit: state of being lost

vermeiden, ie, ie: to avoid

vermögen, (a), o, o: to be able to

vermuten: to presume, to suspect

vermutlich: presumably

vernehmen, (i), a, o: to perceive, to notice

verneinen: to negate

verrückt: crazy, mad

versagen: to fail

das Versandhaus, ⸗er: mail order company

verschaffen, u, a: to provide, to furnish, to supply; **sich (Dat.) verschaffen:** to provide for oneself

verschieden: various, different

verschlossen: closed, locked

verschwinden, a, u (ist): to disappear

die Versicherung, -en: insurance

die Versöhnung, -en: reconciliation

sich verspäten: to be late

verspätet sein: to be late

versprechen, (i), a, o (+ Dat.): to promise

verspüren: to perceive, to feel

verstehen, a, a: to understand; **sich verstehen:** to understand each other

der Versuch, -e: attempt, try, experiment

versuchen: to try, to attempt

verwandeln: to change, to transform; **verwandeln in (+ Akk.):** to turn into

verwandt: related

verwundert: astonished

verzichten auf (+ Akk.): to renounce; to decide against

verzweifelt: desperate(ly)

das Vieh: cattle

der Viehhändler, -: cattle dealer

der Viehmarkt, ⸗e: cattle market

viel: much, many

vielleicht: perhaps, maybe

Viertel nach: a quarter after (the hour)

Viertel vor: a quarter to (the hour)

die Viertelstunde, -n: quarter of an hour

der Vierzeiler, -: four line poem

der Vogel, ⸗: bird

das Vogelgezwitscher: chirping of birds

voll: full(y)

völlig: completely

vollkommen: complete(ly)

voll|schreiben, ie, ie: to fill by writing

von (+ Dat.): of, from, by; **von ehedem:** from that time; **von mir aus:** as far as I'm concerned; if you like; **von vornherein:** right from the start

vor: in front of; before

voraus|gehen, i, a (ist): to go on ahead

vorausgesetzt, daß, provided that

voraus|sehen, (ie), a, e: to foresee, to anticipate

vorbei: gone, passed, past

vorbei|eilen an (ist) (+ Dat.): to hurry past (a person)

sich vor|beugen: to bend forward

das Vorbild, -er: model

vorerst: for the time being

sich etwas vor|führen lassen, (ä), ie, a: to let something be shown

vorgestern: day before yesterday

(etwas) fest vor|haben: to have firmly in mind, to fully intend

einem etwas vor|halten, (ä), ie, a: to remonstrate, to hold a thing before a person, to reproach a person with something

der Vorhang, ⸗e: curtain

vorher: previously

vor|kommen, a, o (ist) als ob: to seem as it (es kommt mir, dir, etc. vor, als ob)

vorläufig: temporary

vor|lesen, (ie), a, e: to read aloud, to read to

die **Vorlesung**, -en: lecture, public reading

der **Vormittag**, -e: late morning, forenoon

vornehm: elegant(ly), formal(ly)

der **Vorort**; -e: suburb

der **Vorschlag**, ⸗e: suggestion

vor|schlagen, (ä), u, a: to suggest

die **Vorschrift**, -en: rule, direction

sich (Dat.) **vor|stellen**: to imagine, to picture to oneself

die **Vorstellung**, -en: performance

der **Vorteil**, -e: advantage

vor|tragen, (ä), u, a: to present, to tell

vorüber: gone

(jemandem etwas) **vor|werfen**, (i), a, o: to reproach, tu upbraid, to charge

das **Vorzimmer**, -: waiting room, antechamber

vorzüglich: excellent, superior

W

wach sein: to be awake

wachsen, (ä), u, a (ist): to grow

wagen: to dare

der **Wagen**, -: car, automobile, train car

die **Wahl**, -en: election

wählen: to choose, to vote

wahr: true, real, genuine

während (+ Gen.): during; (conj.) while

die **Wahrheit**, -en: truth

(schwach) **wahrnehmbar**: (hardly) perceptible

wahr|nehmen, (i), a, o: to notice, to perceive

wahrscheinlich: probable, probably

der (die) **Waise**, -n (-n): orphan

das **Waisenhaus**, ⸗er: orphanage

der **Wald**, ⸗er: forest, woods

die **Wand**, ⸗e: wall

wandern (ist): to walk leisurely, to wander, to hike

die **Wanderung**, -en: wandering, meandering, excursion; migration

die **Ware**, -n: commodity, wares

die **Wärme**: warmth

warnen: to warn

warten: to wait; **warten auf** (+ Akk.): to wait for

warum: why; **warum denn eigentlich?**: (coll.) but why?

die **Wäsche**: laundry, wash

waschen, (ä), u, a: to wash

wechseln: to exchange, to give change

der **Wecker**, -: alarm clock

weder . . . noch: neither . . . nor

weg: away

der **Weg**, -e: path, road, street, way

wegen (+ Gen.): because of

der **Weggefährte**, -n, -n: travelling companion

weg|gehen, i, a (ist): to go away

weg|rennen, a, a (ist): to run away

sich **weg|stehlen**, (ie), a, o: to steal away

weil: because

die **Weile**: while, short period of time

weinen: to weep, to cry

die **Weise**, -n: manner, way

weiß: white

weit: wide, broad; far; **weit und breit**: far and wide

weiter: additionally, furthermore

weiter|gehen, i, a (ist): to continue to walk

weiterhin: from now on, for the future

weiter|schreiben, ie, ie: to write on, to continue writing

weiter|schreiten, i, i (ist): to continue to walk

die **Welle**, -n: wave, billow

die **Welt**, (-en): world

wenden, a, a: to turn; **sich wenden an** (+ Akk.): to turn toward

wenig: few; **ein wenig**: a little bit

wenigstens: at least

wenn: if, when

wenngleich: even though

wer: who, whoever

werden, (i), u, o (ist): to become

werfen, (i), a, o: to throw

wert sein (+ Gen.): to be worth

wesentlich: essentially, much

weshalb: why, for what reason

westfälischer Schinken: a type of smoked ham

das **Wetter**: weather

wichtig: important

widerfahren, (ä), u, a (ist) (+ Dat.): to happen to

wider|spiegeln: to reflect

wie: as, when, how, like; **wie irgend möglich**: as possible; **wie sonst**: as usual

wieder: again

wiederholen: to repeat

das **Wiedersehen**: reunion; **auf Wiedersehen**: good bye, farewell

wieviel: how many, how much

willig: willing(ly), ready

winden, a, u: to twist, to wind, to coil

der **Windstoß**, ⸗e: blast of wind

der **Winkel**, -: nook, angle; part of town

winken: to wave

wirken auf (+ Akk.): to have an effect upon

wirklich: really

die **Wirklichkeit**: reality

wissen, (ei), u, u: to know (a fact)

die **Witwe**, -n: widow

wo: where

die **Woche**, -n: week

wohl: probably, surely; **(auf) Ihr Wohl!**: To your health!

wohlbekannt: well-known, renowned

wohlig: comfortable, calm, delightful

wohnen: to dwell, to reside, to live

die **Wohnung**, -en: apartment

die **Wolke**, -n: cloud

die **Wolle**: wool

wollen, (i), o, o: to want

das **Wollkleid**, -er: woollen dress

die **Wollmütze**, -n: woollen cap

worauf: whereupon

das **Wort**, ⸗er: word (die Worte: words in a meaning context)

das **Wörterbuch**, ⸗er: dictionary

wörtlich: literal(ly), word for word

wortlos: without a word, speechless

wunderbar: wonderful(ly), marvellous(ly)

das **Wunderkind**, -er: child prodigy

sich **wundern**: to be surprised

wunderschön: very beautiful(ly)

wundervoll: wonderful(ly)

der **Wunsch**, ⸗e: wish, desire

wünschen: to wish, to desire, to want

die **Wurst**, ⸗e: sausage

die **Wüste**, -n: the desert

die **Wut**: fury, rage, violent anger

wütend: furious(ly), enraged

Z

zählen: to count

der **Zahler**, -: one who pays

zahlreich: numerous

die **Zahlung**, -en: payment

der **Zahn**, ⸗e: tooth

zärtlich: tender(ly)

das **Zeichen**, -: sign

zeigen: to show; **sich zeigen**: to show oneself

die **Zeit**, -en: time; **zu gegebener Zeit**: at a given time, when the moment comes

die **Zeitung**, -en: newspaper

zentral: central(ly)

zerbrechen, (i), a, o (ist): to break to pieces

zerbrechlich: fragile

zerreißen, i, i: to tear to bits

zerstreuen: to scatter, to disperse

der **Zettel**, -: small piece of paper

das **Zeug**: stuff

die **Ziege**, -n: goat

ziehen, o, o: to pull, to tug

ziehen, o, o (ist): to travel

das **Ziel**, -e: goal, aim, objective

ziemlich: rather

das **Zimmer**, -: room

das **Zimmermädchen**, -: parlour maid

zirpen: to chirp
zittern: to tremble
zögern: to hesitate
zu (+ Dat.): to, toward; too; **zu zweit:** with two people together
zueinander: to one another
zuerst: first of all, first
zufällig: accidentally
zufrieden: pleased, content
der **Zug,** ⁼e: train; facial expression, character trait
zu|geben, (i), a, e: to add, to admit
zu|klappen: to shut, to close with a bang
zukünftig: future, in the future
zuletzt: finally, at last
mir **zuliebe:** for my sake
zu|machen: to close
zumal: especially since
zunächst: at first, initially
die **Zunge, -n:** tongue
zungenfertig: voluble
zu|nicken (+ Dat.): to nod to

zu|ordnen: to put in order, to arrange
zurecht|kommen, a, o (ist) mit: to get on well with
zurück: back
zurück|drängen: to push back, to repress
zurück|gehen, i, a (ist): to go back
zurückhaltend: reserved, in a reserved manner
zurück|kehren (ist): to return, to turn back
zurück|kommen, a, o (ist): to come back, to return
zurück|legen: to put aside, to lay aside; to put behind oneself
zurück|stellen: to put back
zurück|treten, (i), a, e (ist): to step back, to withdraw
zurück|weichen, i, i (ist): to recede, to withdraw
zu|rufen, ie, u: to call after or toward
zusammen: together

zusammen|brechen, (i) a, o (ist): to collapse
der **Zusammenhang,** ⁼e: connection
zusammen|setzen: to put together, to combine
zusammen|wachsen, (ä), u, a (ist): to grow together
zu|schlagen, (ä), u, a: to bang, to slam shut
zu|sehen, (ie), a, e: to watch, to observe
die **Zustimmung:** assent, consent
zu|werfen, (i), a, o: to throw toward
zwar . . . aber: on the one hand . . . on the other
der **Zweck,** (-e): aim, end, objective, purpose, goal
zweifach: twofold
der **Zweifel, -:** doubt
das **Zwielicht:** twilight
zwingen, a, u: to force
zwischen: between
zwischendurch: in between

Quellenverzeichnis

Ingeborg Bachmann, Die Karawane und die Auferstehung aus: Sämtliche Erzählungen, R. Piper Verlag, München 1978; Foto: Foto-Archiv, R. Piper Verlag, München

Peter Bichsel, Ein Tisch ist ein Tisch aus: Kindergeschichten, 1969, Sammlung Luchterhand 144; Foto: © Isolde Ohlbaum, München

Heinrich Böll, Du fährst zu oft nach Heidelberg, © Lamuv Verlag, Bornheim-Merten 1979; Foto: Süddeutscher Verlag, Bilderdienst, München

Otto Flake, Der Brief, © S. Fischer Verlag GmbH, Frankfurt; Foto: © S. Fischer Verlag

Max von der Grün, Masken aus: Etwas außerhalb der Legalität, und andere Erzählungen, Sammlung Luchterhand Band 299, 1980; Foto: Luchterhand Bildarchiv

Esther Knorr-Anders, Östlich von Insterburg, Walter Rau Verlag, Düsseldorf 1979; Foto: Kulturpolitische Korrespondenz, Bonn

Siegfried Lenz, Schissomirs großer Tag aus: So zärtlich war Suleyken, Masurische Geschichten, © Hoffmann und Campe Verlag, Hamburg 1955; Foto: Claude Bonniaud, © Hoffmann und Campe Verlag, Hamburg

Christa Reinig, Skorpion aus: Orion trat aus dem Haus, 1968 Eremiten-Presse, Düsseldorf; Foto: Brigitte Friedrich, Köln

Rudolf Schneider-Schelde, Die Vorlesung mit freundlicher Genehmigung von M. Schneider-Schelde; Foto: Fred Lindinger, München

Angela Sommer, Der Kaufmann und das Mädchen, Jahresring 1974/75, Kulturkreis im Bundesverband der Deutschen Industrie e.V., Köln; Foto: Hans W. Wulff, © Gertraud Middelhauve Verlag, Köln

Gabriele Wohmann, Evas Besuch aus: Ausgewählte Erzählungen aus zwanzig Jahren, Band 2, Sammlung Luchterhand 297, 1979; Foto: © Rainer Wohmann